ドーナツ専門店のレシピと店づくり、ベーカリー&パティスリーのスペシャルドーナツ

ドーナツブック

The Donut Book

柴田書店

真ん中に穴のあいたかわいらしいフォルム。甘くてしっとりしてリッチな味わい。色とりどりのトッピング。ちょっと考えてみても、ドーナツほど愛されているアイテムというのはそうそうないかもしれません。

1970年にアメリカから大手ドーナツチェーンが上陸。このときが日本ではじめてのドーナツブームといわれています。その後、約10年おきにさまざまなタイプのドーナツが登場してはブームを巻き起こし、定着していきました。

そしていままた、かつてなかった新たな角度でドーナツに取り組まれるお店が増えています。自家製のドーナツを提供する喫茶店やカフェ、コーヒーショップも多く、ベーカリーやパティスリーなど、さまざまなジャンルの飲食店で工夫を凝らしたドーナツが売られているのを目にします。いわば、いまの日本は様々なタイプのドーナツが楽しめる、いままでで一番充実した状況かもしれません。

本書では、ドーナツ専門店、ベーカリーやパティスリーに取材し、いまの日本のドーナツシーンを1冊の書籍にまとめました。

ドーナツの世界は狭いようでいて驚くほど多種多様。唯一無二の味わいをつくりだすために、本書をお役立ていただけますと幸いです。

CONTENTS

LESSON 1
ドーナツの種類　6

LESSON 2
ドーナツの主な材料　8

LESSON 3
イーストドーナツの工程と機材　10

LESSON 4
ドーナツ専門店の包材とディスプレイ　12

LESSON 5
科学でアプローチ！
イーストドーナツのQ&A　14

CHAPER 1
ドーナツ専門店の
レシピと店づくり

ドーナツ専門店のプレーンドーナツ　20

ドーナツもり　22
プレーンドーナツ　24
オリジナルグレーズ　28
ピスタチオグレーズ　30
フランボワーズグレーズ　31
焼き芋マスカルポーネ　32
ドーナツもりの店づくり　34

SUNDAY VEGAN　36
ヴィーガンバンズ カカオ　38
MOCHI　42
キャロット　46
ベリーカカオ　48
レモン　50
SUNDAY VEGANの店づくり　52

HUGSY DOUGHNUT　54
プレーンドーナツ　56
ドラゴン　59
ハートの女王　62
メープルベーコン　63
ロケットバナナ　64
HUGSY DOUGHNUTの店づくり　66

スーパースペシャルドーナッツ　68
ベニエ　70
バニラ　74
チョコレート　77
フランボワーズピスターシュ　78
コーヒーのベニエと和栗のアシエット・デセール　80
ピスターシュのベニエと苺のパルフェ　82
スーパースペシャルドーナッツの店づくり　84

NAGMO DONUTS　86
オールドファッション　88
塩キャラメルナッツ　93
ティラミスクリーム　94
抹茶レモン　96
ホワイトチョコアールグレイ　97
NAGMO DONUTSの店づくり　98

HOCUSPOCUS　100
クレープチャンク　102
ポレンタ　105
ライチグレープフルーツ　106
チャイ　108
きな粉ラベンダー　110
HOCUSPOCUSの店づくり　112

I'm donut ? の生地と
ドーナツバリエーション　114

CHAPTER 2
ベーカリーとパティスリーの
スペシャルドーナツ

ベーカリーに教わる　イーストドーナツのつくり方
KISOのLANDドーナツ　122

ベーカリーに教わる　ケーキドーナツとクロワッサンドーナツのつくり方
**Boulangerie Django の
アップルサイダードーナツとデニッシュドーナツ　126**

パティスリーに教わる　シュードーナツのつくり方
EN VEDETTE のフレンチクルーラー　132

CHAPTER 3
揚げパンの生地に迫る

パンストック　大人のドーナツ　140

トロパントウキョウ　生ドーナツ　142

ブーランジェリー ラ・テール　ポテドーナツ プレーン　144

ザ・ルーツ・ネイバーフッド・ベーカリー　ベニエ　146

ブランジェリー・ボヌール　もっちりドーナツ プレーン　148

セテュヌボンニデー　マラサダ プレーン　150

LESSON 1

ドーナツの種類

ドーナツは膨らませる要素の違いや材料、生地の製法などによって、大きく分けることができる。工程や生地の食感はそれぞれ大きく異なる。

イーストドーナツ
YEAST DONUT

イースト菌の働きにより生地中にできた気泡が揚げる際の加熱によって膨張し、生地全体が膨らむタイプのドーナツ。パン生地と同様の材料、工程によって仕込む。食感はふっくら軽やかなものから、むっちりと重めのものまでさまざま。リング形のものが主だが、フランスのベニエやハワイのマラサダなど丸形のタイプも。丸形は中にジャムやクリームを詰めてバリエーション展開することができ、フィリングを工夫することで高価格商品に仕立てることも可能。中でもクリーム類を詰めたクリームドーナツは根強い人気を誇る。

ケーキドーナツ
CAKE DONUT

オールドファッションの名で親しまれているタイプのもの。表面はサクサク、カリカリ、中はしっとりしているのが特徴。ベーキングパウダーを配合することが多い。製法としては、小麦粉、卵、乳製品や豆乳などを混ぜてから最後に液状の植物油脂や溶かしバターを加え混ぜるホットケーキに似た方法が主。ベーキングパウダーの働きによって膨らむほか、生地中に含まれる水分が高温で熱されることで水蒸気となり、体積が大きくなることによっても膨張する。揚げる以外に、リング状の型を用いたベイクドーナツやスチームドーナツも一般的。

シュードーナツ
CHOUX DONUT

シュークリームの皮と同様にして炊いた生地を、揚げてつくるドーナツ。イーストもベーキングパウダーも使わない。膨張は生地中の水分が熱されることによって起こる。パンでいうクラストにあたる表面の部分は薄く軽やかで、中はしっとりとやわらかいのが特徴。フレンチクルーラーと呼ばれるドーナツはこのタイプ。

ヴィーガンドーナツ

植物素材のみでつくるヴィーガンドーナツはまだまだ取り組む店が少ないものの、確実に一定の需要があるといえよう。とはいえ、万人受けする味を構築するには技術が必要。

そのほかのドーナツ
OTHER DONUT

デニッシュドーナツ

バターを発酵生地に折り込んでデニッシュ生地をつくり、それを揚げたもの。クロワッサンドーナツの名で流行した。

グルテンフリードーナツ

時代の要請を受け、小麦粉不使用のドーナツをつくる店も見受けられる。粉は主に米粉やトウモロコシ粉（ポレンタ粉）などが使われる。

生ドーナツ

しっとりとした高加水生地のドーナツを指す。「I'm donut ?」（P.114〜120）が店名を冠した看板商品をそう表現したことにより広まった。同店のドーナツは、ローストしたカボチャを練り込んだ高加水のブリオッシュ生地を高温で短時間揚げて、その食感を生み出している。レシピ開発には、同店オーナーの平子良太さんのほか、「パンストック」（P.130〜131）オーナーシェフの平山哲夫さんや当時パンストックのスタッフで現KISOオーナーシェフの加藤耕平さん（P.122〜125）も関わった。

LESSON 2

ドーナツの主な材料

ドーナツ生地には、のぞむ食感や味わいを出すため、さまざまな材料が用いられるが、ここでは代表的な材料を取り上げる。

小麦粉
FLOUR

イーストドーナツにおいては主に強力粉が使われるが、薄力粉をブレンドする店も。製パン同様に、どのような味わい、食感、ボリュームの生地にしたいかによって銘柄を選ぶことが大切。またミキシングを工夫することで、その銘柄がもつ特徴をどう生かすかが問われる。しっかりとグルテンを引き出し、もっちりとした食感にする、あるいはグルテンを引き出しすぎず、あえてボリュームを抑えることでどっしり感をだす、などさまざまな工夫の余地がある。

油脂
OIL

ドーナツ生地をリッチな味わいにするために欠かせないのが、油脂。バターかショートニングを使うことが多いが、ココナッツオイルなどの植物性液体油脂を使うことも。バターの利点はなんといってもその特有の風味。味わいの豊かさを追求して高価なフランス産の発酵バターを用いる店もあり、高価格化が進み続けているドーナツという商材においては、品質の高さをそのまま価格へと転嫁しやすい状況にある。また、バターだと味わいがくどくなると考え、さっくりと軽やかな食感を狙ってショートニングが用いられることも。さらには、両者をブレンドしてほどよい着地点を探るという手もある。ショートニングは健康に配慮したトランス脂肪酸フリーもしくは低トランス脂肪酸の商品も増えており、オーガニックのものもある。また、植物性の素材のみでつくりたい場合や味わいに軽やかさをもたせたいときには豆乳が原料の豆乳クリームバターや植物性オイルが用いられる。

乳製品
DAIRY

リッチなフィリングを詰める場合は生地をリーンな配合にする傾向にあるが、生地自体のリッチさを追求する店は多い。用いられるのは牛乳や生クリームなどの乳製品がほとんどだが、軽やかな味わいやもちもちとした食感をだしたいとして豆乳が選ばれることもある。

卵
EGG

油脂や乳製品と並び、生地に旨みをもたせたいと考えたときに用いられるのが卵だが、卵白の配合量が多くなると生地がパサつきがち。しっとりとした食感が好まれがちな昨今、この点は留意しておきたい。対策としては卵黄の割合を増やしたり、加糖卵黄を用いるといった手がある。

イースト、ベーキングパウダー
YEAST, BAKING POWDER

ドーナツ生地は比較的糖分の割合が高いため、高糖生地に特化したイーストが使われることが多い。また、ケーキドーナツに使うベーキングパウダーは高価格帯の専門店ではアルミニウムフリーのものを用いることが多い。

発酵種
SOURDOUGH

イーストドーナツには、味わいに深みをだすため、種を継ぎながら自家製しているルヴァン種を加えたり、もっちりとした食感を長持ちさせることを狙って湯種を配合したり、しっとりとした生地に仕上げるために米湯ゲルを混ぜたり、口溶けのよい生地になるよう麹種を入れて生地内のpHを調整し、イースト菌の働きをあげる、などさまざまな意図を持って、発酵種が用いられることも。いずれも配合量は決して多くはないが、仕上がりの食味の向上に寄与する。

LESSON 3

イーストドーナツの工程と機材

イーストドーナツ、ケーキドーナツ、シュードーナツの中でもっとも取り組む店が多いのがイーストドーナツ。ここではイーストドーナツの工程の流れと機材選びについて解説する。

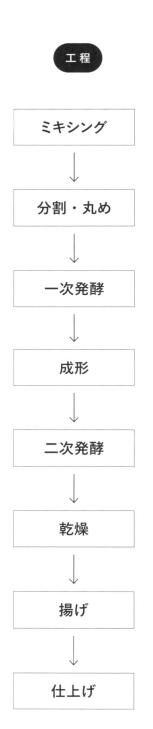

ミキシング

材料をこねて生地をつくる作業。ドーナツ専門店やベーカリーでは製造数が多いこともあり、縦型ミキサーやスパイラルミキサーが使われるが、20〜30個ほどの仕上がり量で仕込むのであればスタンドミキサーでつくることもできる。ある程度こねてグルテンを形成してから油脂を混ぜ込むことが多いが、グルテンの形成を抑え気味にして歯切れのよさを狙うため、あえてオールインワン（材料をすべて一度にミキサーボウルに入れてミキシングすること）とすることも。

分割・丸め 一次発酵

生地をかたまりのまま一次発酵させることもあれば、分割・丸めを行ってから一次発酵させることもある。発酵は低温長時間発酵を行う店も多く、生地に複雑な旨みが生まれる点と作業効率の面から、利点は多いといえる。発酵の機材としてはドウコンディショナーかホイロや冷蔵庫が一般的だが、湯を沸かした鍋の上にばんじゅうを置く、オーブンの上にミキサーボウルを置いて余熱を利用する、といった手段によりストレート法で製造することも。

成形

リング状に成形するか丸形のままとするか、いずれかの成形方法をとることがほとんど。リング状にする際には、小さな抜き型で穴を抜く方法と、生地を棒状にのばして輪状につなげる方法がある。穴を抜く方法をとる店は抜いた生地を捨てずにまとめて揚げて、数個をセットにして「ドーナツの穴」として販売することも。

乾燥

発酵後の生地を揚げる前に常温におき、表面を乾燥させることで、揚げあがりが油っぽくなりにくくなる。

揚げ

専門店として製造数を確保するためには大型のフライヤーが欠かせない。ドーナツに向いているとして高温になるガス火使用の機種を選ぶ店も。とはいえ、小型のフライヤーを駆使して、こまめに揚げ足すことで品切れを防ぐといった方策をとる店や、鉄鍋で少しずつ揚げる店も。揚げ油にはさっくりと揚がって油浮きの少ないショートニングが用いられることが多いが、菜種油の風味をよしとする店もあれば、クセのなさを好んで米油を選ぶこともある。

そのほかの機材について

専門店の中には、分割・丸めを一気に行う専用の機材や丸めと成形を行う製パン用の機材を駆使する店もある。また、ベーカリーが母体のドーナツ専門店ではルヴァン種の製造専用機も駆使する例も。これらは製造数を増大させ、クオリティを高めるには有効だが、導入にはスペースと予算との兼ね合いをつける必要がある。

LESSON 4

ドーナツ専門店の包材とディスプレイ

包材は広告塔

プレゼントとして購入されることも多いドーナツ。包材のデザインは店の個性を伝える大切なアイテムとなる。各店、実用とブランディングの両側面から工夫を凝らす。

ドーナツもり

繊細なグレーズやトッピングがくずれないよう、ドーナツはひとつひとつプラスティックパックで個包装して販売。パックを縦に入れられるビニール袋を特注で制作した。

スーパースペシャルドーナッツ

耐油紙の袋に入れ、1個ならビニール袋に、2個以上なら箱詰めする。箱には店のロゴをハン押し。クリームドーナツが主なので、オリジナルの保冷バックも販売する。

SUNDAY VEGAN

ドーナツを耐油紙の袋に入れて口をねじり、箱詰め。箱をとめるシールはドーナツがモチーフ。このシンプルなパッケージに落ち着くまで数多のアイデアが消えていった。

NAGMO DONUTS

ナチュラルなクラフト紙の袋にロゴのハンコを押してシンプルに。取り置き分は間違いがないよう、どのドーナツが何個入っているかがわかるシートを添付する。

HUGSY DOUGHNUT

ドーナツは1個ずつプラスティックパックに入れて販売。オリジナルのビニール袋には、イラストレーターでもある夫ひろのりさんが描いたイラストとロゴがプリントされている。

HOCUSPOCUS

パッケージデザインにはかなり力を入れている。手前は、持ち手の穴があいた紙を箱に巻き、ペーパーファスナーで止めるユニークなデザインの包材。大理石のプリントがシックで印象的。

I'm donut ?

贈答品として購入するお客も多く、渋谷店と福岡店ではプレゼント用ボックスを用意。黒のリボンをちょうちょ結びできるシックなつくり。店名が大きくデザインされ、人目をひく。

ディスプレイ

物販がメインとなるドーナツ専門店においてはディスプレイの工夫が欠かせない。
思わず写真を撮りたくなるような棚づくりはSNSでの拡散にもつながる。
店の顔といってもいい大切なポイント。

ドーナツもり

ガラスの常温ショーケースの中に金色の網を置き、ドーナツはその上に4つずつ縦に並べる。行列のたえない繁盛店ゆえ、スムーズに手渡せるよう、ドーナツはすべてプラスティックパックに1個ずつ詰めてショーケース下に収納。バターやクリーム類をはさむタイプの冷蔵商品はショーケースには見本1個のみを置いて、売り場奥の冷蔵庫に保存。

SUNDAY VEGAN

ショーケースは設けず、器に盛ってディスプレイ。器は店の空気感によくあう、同じ作家のものを用いて統一感をだしつつ、さまざまな色、形、柄のものを組み合わせてポップな雰囲気をつくっている。また、四角や円柱状の木のブロックで器を持ち上げて高低差をつくり、自然に目線を誘導しつつ、ナチュラルでオーガニックな印象を与える。

HUGSY DOUGHNUT

物件は古民家で、建物内には厨房とカフェスペースがある。その建物の玄関脇に、引き戸の窓とショーケースをつくり、テイクアウトのお客にはそこから販売する。販売スペースの奥が厨房。厨房と販売スペースの間の壁には小窓があり、製造担当の妻ゆみさんと接客担当の夫ひろのりさんは、営業中、小窓越しに声をかけあって連携をとる。

スーパースペシャルドーナッツ

ディスプレイはなく、窓から注文するスタンド形式で販売。窓の向こうは厨房となっており、販売、仕込み、製造を1人で行えるようになっている。ディスプレイがない代わりに定番のドーナツはメニュー表に味わいの説明文を入れ、季節替わりの商品は黒板にイラストと説明を書いて掲示。喫茶利用の場合はカウンター右の入り口から入店する。（実店舗は2024年5月に閉店）

NAGMO DONUTS

イベント出店時のディスプレイ。ドーナツを入れるケースは地元長野県上田で活動する木工作家に頼んで作ってもらったもの。中に見本を入れ、ガラスの蓋に品名と値段をマーカーで書く。リング状の木の看板も同じ作家に依頼した。台にかけた布は草木染作家の作品。ケースの隣に置いたカゴには、ドーナツの穴を揚げた「mini donuts」を入れて販売。

HOCUSPOCUS

入口正面に長いカウンターがあり、ガラスのショーケースが設置されている。ドーナツは異なる種類なら2つ、同じ種類のものなら3つを木の板にのせ、ショーケースの中へ。整然と並べることでドーナツのデザインの端正さが引き立ち、木の板を用いることで温かみも伝わる。什器の色味を抑えているがゆえに、ドーナツの華やかさが際立つ。

LESSON 5

科学でアプローチ！イーストドーナツの Q&A

イーストドーナツは比較的シンプルな工程でつくられるが、
材料や製法のちょっとした違いが食味の向上につながる奥の深いアイテムだ。
ここでは、科学の視点でイーストドーナツづくりの疑問を解き明かしていく。

「揚げる」とは？

水と油の交代現象

生地に含まれる水が蒸発する
↓
蒸発した部分が空隙（くうげき）になる
↓
空隙に高温の油が入り込む

「揚げる」という調理工程を行う際、食品の中では科学的にどのようなことが起こっているのでしょうか。食品を高温の油に入れると、食品に含まれる水分が高温になり、表面から蒸発していきます。そして水が抜けてできた空隙に、すかさず高温の油が入り込み、空隙の内部からも食品を加熱します。

ドーナツの場合はこれが生地表面で起こります。その際、油と接している外側だけではなく、生地内部の空隙に入り込んだ高温の油によっても加熱が進み、サクッとした食感がつくりだされるのです。

Q1 油ぎれが悪いというのは、どういう状態なのでしょうか？

A1 油ぎれが悪いということは、「生地が油を多く吸ってしまっているということ」と解釈しがちですが、実際には、生地表面における「水と油の交代現象」がうまくいっておらず、生地表面に水分が多く残っていることが、べたつきを感じさせる要因です。実は、水分が多く残っているのであって、油分は少ないことが多いのです。

油ぎれがよいと感じる揚げものは、サクサク、カリっとしています。その質感は、生地表面の水分が充分に蒸発して、水分が出て行ったあとにできた空隙に高温の油が入り込み、表面のみならず、生地の空隙の内側に入った油によって生地内部からもジリジリと揚げられた結果、生じるものなのです。油ぎれのよい生地は、サクサクとして軽いという印象があると思いますが、実のところは油が生地の内部にも入り込んだわけですから、油を多く含んでいることになります。

また、劣化した油を使った場合にも油ぎれが悪いと感じられます。油は劣化すると、重合という現象が起き、分子と分子が結合して長い分子になった重合物が増えます。すると、油の粘度が上がります。結果、ドーナツ生地の水分が油の中に拡散しにくくなり、「水と油の交代現象」がすみやかにおこらなくなります。また、重合物を含む油が生地表面に付着してべたつくことも、油ぎれが悪いと感じられる原因になります。

Q2 表面を乾かしてから揚げると油っぽくなりにくいのはどうしてですか？

A2 表面を乾かすと、当然のことながら、生地表面に含まれる水分は少なくなります。その状態の生地を揚げると、「水と油の交代現象」がおこる際、交代によって生地内部に入り込む油の量が少なくなります。また、揚げた後に生地表面に残る水分の量も少なくなります。よって、表面を乾かしてから揚げた生地は、より油っぽさを感じにくくなるのです。

Q3 発酵をやや抑えたかための生地を揚げると、しっかりと発酵したふわふわの生地にくらべて、油っぽくなりにくいのはなぜですか？

A3 　しっかりと発酵した生地は、発酵による炭酸ガスの気泡が多い状態です。そして、発酵を抑えたかための生地はというと、その気泡が少ない状態です。気泡が多いスポンジ状の組織は揚げ油を多く吸収します。かための生地は油に接する生地表面の気泡も少ないため、油っぽくなりにくいといえます。

Q4 生地を揚げ油に入れてすぐに上下を返した後に片面ずつ加熱する場合と、すぐには返さずに片面ずつ加熱する場合、どのような違いが生まれますか？

A4 　揚げ油に生地を入れてすぐに上下を返すと、まず表面が両面とも固まります。そのため、揚げあがりの膨らみがやや抑えられ、油の吸収率は低くなります。ただし、表面が固まった後に内部のイースト発酵が進み、生地内で生じた炭酸ガスが内側から生地を押し広げるため、亀裂が生じることもあり、その場合は亀裂から油が入り込むので、油っぽくなりにくいとは一概にはいえません。一方、片面ずつ揚げる場合には、最初の片面を揚げる間に油に浸かっていない上面の生地が大きく膨らむため油の吸収率は高くなります。

Q5 揚げ油にショートニングを使う場合と植物油などの液状油脂を使う場合はどのような違いがありますか？

A5 　ショートニングは常温では白色の固形の脂ですが、熱すると溶けて液状になり、揚げ油として用いることができます。逆に、冷めて常温になると溶けていた油が再び固体に戻ります。よって、ドーナツを冷ますと生地にしみ込んだショートニングは固形に戻るため、油がしみだしにくく、食べると油がかたまっているのでサクサクとした食感を感じやすくなります。
　一方、液状油脂は冷めてからも生地にしみ込んだ油は液状です。よって、ショートニングで揚げたドーナツにくらべて、油がまわったように感じやすくなったり、表面がべたつきやすくなったりします。しかし、ショートニングがほぼ無味無臭であるのに対し、米油や菜種油などの液状油脂には材料由来の独特の風味があり、その風味がドーナツに加わるという利点もあります。

Q6 生地に卵を加えるとどのような効果がありますか？

A6 　ドーナツ生地に卵を配合する場合、全卵または卵黄を加えるのが一般的で、卵白のみを加えることはほぼありません。ここでは、全卵を卵黄＋卵白としてとらえ、卵黄のみを用いる場合とのちがいについて比較していきます。
　卵黄を加えることの効果としては、生地のきめが細かくなりしっとりとする、生地ののびがよくなりボリュームがでる、時間がたっても生地がしっとりしてかたくなりにくいといったことが挙げられます。きめが細かくなるのは卵黄の構成成分の約1/3が脂質で、乳化作用のあるレシチンやリポタンパク質を含むからです。卵黄を加えてミキシングを行うと、レシチンなどの乳化作用で、生地中の水分に脂質が油滴状に分散した状態で乳化します。そのため、きめが細かくなるのです。また、脂質によりしっとりとした生地にもなります。
　ボリュームが出るのは、上記の乳化作用と卵黄に含まれる脂質により、生地がやわらかくなってのびがよくなり、より膨らみやすくなるからです。
　生地がしっとりしてかたくなりにくいのもレシチンなどの乳化作用によるものです。小麦粉のデンプンを水とともに加熱すると「デンプンの糊化（α化）」がおこり、粘りがでて生地がふっくらします。しかし、時間がたつとデンプンが水分を放出して元の構造に戻ろうとする「デンプンの老化（β化）」という現象がおこり、かたくなってパサつきます。この際、レシチンなどの乳化作用によって、デンプンが老化しにくくなり、生地がかたくなりにくいのです。とはいえ、配合量が多すぎると脂質の影響でグルテン（Q＆A 9参照）ができにくくなり、ボリュームのあるふっくらとした生地になりません。
　一方、卵白には生地の骨組みを補強し、歯切れのよい食感を生み出す作用があります。卵白にはほぼ脂質が含まれず、主な成分はタンパク質です。生地が加熱によって熱膨張する際には、このタンパク質が熱によって固まり、生地の組織を固定します。また、卵白に含まれるタンパク質の半分以上を占めるオボアルブミンは、熱によって固まって歯切れのよい食感を生み出します。しかし、卵白の配合量が多くなるとパサついてかたい食感になってしまいます。以上の性質を踏まえ、目指す食感を生みだす配合をさぐるとよいでしょう。

Q7 豆乳を使うと生地が
もっちりするのはなぜですか?

A7 豆乳はタンパク質を主成分とする水溶液に、脂質が油滴状に分散しているコロイド性の水溶液です。また、豆乳には乳化作用のある大豆レシチンが含まれています。いずれもデンプンの老化を遅らせる働きがあり（Q&A6参照）、配合することで時間が経過しても生地がかたくなりにくくなります。また、大豆レシチンの乳化作用により生地のきめが細かくなります。そうした働きが総じて、もっちりとした食感に感じられるのだと考えられます。

Q8 国産の強力粉は外国産とくらべて
もちもち感が強いといわれることが
ありますが、本当でしょうか?

A8 国内で生産される強力粉は、以前は外国産のものにくらべるとタンパク質量が少なく、中力粉に近い、麺類に向くものしかありませんでした。その後、品種改良が進み、タンパク質含有量が多く製パン性に優れた品種が開発されました。その中に、「春よ恋」「キタノカオリ」「ゆめちから」といった、もちもち感が強く、日本人の嗜好に合うと人気の品種があります。これらに共通しているのは、デンプンの構成がやや低アミロースであることです。デンプンはアミロースとアミロペクチンで構成されており、アミロースが通常よりも少ない品種は、アミロペクチンが多いということになります。アミロペクチンは、アミロースよりも粘りがあってもちもちしているのが特徴です。米でいうと、もち米はアミロペクチン100％、うるち米はアミロペクチン約80％（残りはアミロース）です。このことからも、低アミロースの品種はもちもち感が出やすくなることがわかるでしょう。

また、多くの国産品種において、グルテン（Q&A9参照）のもととなるたんぱく質が改善され、やわらかくて伸展性のある性質をもつようになったことも、国産小麦を用いた生地にもちもち感が感じられやすい要因と考えられます。

解説・木村万紀子
1997年、奈良女子大学家政学部食物学科を卒業。その後、辻調理師専門学校を卒業。辻静雄料理教育研究所での勤務を経て、独立。現在は同校で講師を務めるかたわら、調理科学分野における執筆などを行う。共著に『科学でわかるパンの「なぜ？」』（小社刊）などがある。

Q9 強力粉に薄力粉を配合すると、
どのようなことがおこりますか?

A9 小麦粉にはグルテニンとグリアジンという小麦粉特有の2種のタンパク質が含まれています。小麦粉に水を加えてこねると、これらの2種のタンパク質がグルテンに変化します。

強力粉はタンパク質の含量が多く、強力粉を使用した発酵生地は、粘りや弾力の強いグルテンがたくさんつくられます。グルテンは生地中に広がり、次第に層になって薄い膜を形成します。この膜は、弾力がある上にのびがよく、イーストが発生した炭酸ガスを受け止めてしなやかにのび、結果、生地全体が大きく膨らみます。

強力粉を薄力粉に置き換えた場合、薄力粉はタンパク質含量が少ないので、形成されるグルテン量は強力粉に比べて少なくなります。また、グルテンの量が少ないだけでなく、強力粉にくらべると形成されるグルテンの粘りや弾力が弱いという性質もあります。そのため、生地ののびが悪くなり、発酵によって生じた炭酸ガスを充分に保持することができず、ボリュームが小さく、気泡が小さく、食べたときにふわっとせずに重い食べ口の生地になります。よって、薄力粉のブレンド量が多くなればなるほど、後者の性質が出てくるので、重めで歯切れのよい食感が加わることになります。

Q10 食感を左右する要素には
どんなものがありますか?

A10 食感を左右する要素には下記のものがあります。
①小麦粉のタンパク質量
②ミキシングの時間と強さ
③イーストの種類と配合量
④塩の配合量
⑤砂糖の配合量
⑥油脂の種類と配合量
⑦全卵、卵黄の配合の有無と配合量
⑧脱脂粉乳の配合量
⑨製法

これらさまざまな要素が関係して、生地の食感がつくられます。ふんわりと軽やかな生地をつくりたい場合には、高タンパクな小麦粉を選ぶことが大前提となり、②〜⑨の要素をいくら調整しても、タンパク質量が少なくてはどうにもなりません。高タンパクな小麦粉を使い、ミキシングを長めにしてグルテンをしっかりと引き出すと、ふんわりと軽やかな食感を出すことができます。

この本を読む前に

- ドーナツの欧文表記はdonutとdoughnutの2種があり、本書では主にdonutを用いていますが、取材店の店名に限り、各店の表記を優先しています。
- バターは食塩不使用のものを使用します。
- 小麦粉は同じ銘柄のものでも、ロットや時期によって状態が変わることがあります。状態に合わせて配合や水分量を適宜調整してください。
- 打ち粉は強力粉を使用します。
- 材料名の後ろの（　）内は取材店が使用している商品の銘柄やメーカー名です。
- イーストドーナツの材料表のg表記の後ろに記載した％はベーカーズパーセントです。ベーカーズパーセントとは粉の総量を100％とし、そのほかの材料が粉対比で何％になるかを表したものです。
- グルテンチェックとは、ミキシングが終了した生地を少量とってのばし、グルテンがどの程度形成されているかを確かめる作業のことです。
- ストレート法とは材料すべてを一度に混ぜて生地をつくる製パン方法のことです。
- ドウコンはドウコンディショナーの略です。
- ミキシング、発酵、揚げの温度や時間は取材店の実際のレシピを記載していますが、厨房の環境や機材によって変わります。適宜調整をしてください。
- オーブンを使う場合はあらかじめ予熱しておきます。
- 掲載の販売価格は取材当時（2024年4〜5月）のものです。また、ラインナップは取材当日のものであり、日によって品ぞろえは変わります。
- CHAPTER 3 揚げパンの生地に迫る（P.138-151）は、『カフェ-スイーツ vol.216』（小社刊）に掲載の同名の特集記事を再編集して収録したものです。

CHAPER 1

ドーナツ専門店の
レシピと店づくり

ドーナツ専門店のプレーンドーナツ

ドーナツもり	SUNDAY VEGAN	HUGSY DOUGHNUT
↓	↓	↓
P.22	P.36	P.54

CHAPTER 1

スーパースペシャル ドーナッツ	NAGMO DONUTS	HOCUSPOCUS
↓	↓	↓
P.68	P.86	P.100

ドーナツもりの生地づくり

Doughnut Mori

DONUT SHOP

TOKYO
KURAMAE

もっちり、ずっしり。食感はあえて重めに。
フランス菓子由来のリッチなグレーズを
しっかり受けとめる

CHAPTER
1

**湯種製法、低温長時間発酵、
卵黄を多めに配合。夜までしっとり**

　湯種製法を選んだのは、湯種を用いた食パンのもっちり、ずっしりとした食感が好きだったから。開業の2020年当時、ドーナツに用いる店は見当たらず、新しい味わいの提案にもなると考えた。賞味期限は当日中としているが、湯種で仕込み、低温長時間発酵させた生地は、添加物不使用にもかかわらず、時間がたっても水分が抜けにくく夜までおいしさが長持ちする。卵黄を多く配合するのも、味わいにリッチさを与えるとともに、天然の乳化剤としてみずみずしさを保つ効果を期待してのこと。

**国産最強力粉に薄力粉をブレンドし、
どっしりとした食感を出す**

　国産の小麦粉は日本人好みのもちっとした食感があると感じており、望む食感が出せる北海道産最強力粉「ゆめちから」をブレンドした強力粉をチョイス。さらに薄力粉をブレンドすることで、求める"ほどよい重さ"を実現した。薄力粉の割合は、少ないと口にねっちり感が残り、多すぎると膨らみが悪く重くなりすぎる。小麦粉全体に対して5〜20％の割合を1％きざみで試作した結果、10％にたどり着いた。

**グルテンが出すぎないミキシングで、
どっしり感と歯切れのよさを両立**

　重さは欲しいが歯切れもよくしたい。そのため、すべての材料を一度にミキサーにかけるオールインミックス法を選択。生地をのばすと薄膜ができた後にぱつんと大きく切れる程度でこね上がりとし、グルテンを敢えてつくりすぎないようにしている。

揚げ油の交換頻度は、国の基準を参考に

　揚げ油には、トランス脂肪酸をほぼ含まないパーム油由来のショートニングを使い、AVチェッカーという油脂劣化度判定試験紙で状態を確認。食品工場に対する国の基準である酸価2以上になったら交換している。1日の販売分を朝すべてまとめて揚げ、揚げ終えたらすぐに濾過・冷却するのも、油のストレスを可能な限り低減するため。すべては、小さな子どもにも不安なく食べさせられる安心なおいしさのため。

ドーナツもりの
プレーンドーナツ

DAY 1

湯種
65℃まで加熱 → 2℃・一晩

DAY 2

ミキシング
スパイラルミキサー
低速1分 → 中速10分
こね上げ温度26〜27℃

一次発酵
2℃・3〜4時間

パンチ
1回

分割・丸め
80g・丸形

ベンチタイム
4℃・30分

成形
リング状

二次発酵
4℃・12〜16時間

DAY 3

復温・最終発酵
20℃・湿度60%・45分 →
30℃・湿度70%・45分

乾燥
室温（約20℃）・
業務用扇風機10〜15分

揚げ
ショートニング（175℃）
1分30秒 → 天地を返して1分30秒

冷ます
室温（約20℃）・約20分

INGREDIENTS

湯種（約120個分）
　強力粉（「茜星」ニップン）… 200g
　塩（ゲランドの塩）… 56g
　きび砂糖（「素焚糖」大東製糖）… 56g
　水 … 1kg

生地（約30個分）
　強力粉（「茜星」ニップン）… 850g
　薄力粉（「スーパーバイオレット」日清製粉）… 100g
　セミドライイースト（「リロンデル1895」サフ）… 5g
　A
　│ バター … 95g
　│ ショートニング（「クローネショートニング」*ミヨシ油脂）… 17g
　│ 加糖卵黄 … 120g
　│ 牛乳 … 320g
　│ きび砂糖（同上）… 130g
　湯種 … 上記より310g
　揚げ油（ショートニング・同上）… 適量
＊パーム油を原料としたもの。トランス脂肪酸をほとんど含まない。

DAY 1 湯種（写真は10倍量）

底の丸い鍋（ジャム用の銅鍋など）に強力粉、塩、きび砂糖を入れ、分量の水のうち半量を1に加える。

（底の丸い鍋でないと、隅に生地がたまってまんべんなく加熱することができない。）

泡立て器で底からかき混ぜる。

（底に強力粉がたまっていると焦げたりダマになったりするので、いったんここで全体を混ぜておく。）

残りの水を沸騰させ、1に加える。

（水の全量が室温だと湯種の炊き上がりに15分以上かかってしまうが、半量を沸かして用いると、5分ほどで炊き上がる。）

強火にかけ、泡立て器で底から全体をよく混ぜながら加熱する。

（クレーム・パティシエールを炊くときの要領で、底からまんべんなく混ぜる。）

写真では、分量の10倍量で仕込んでいるため大型ハンドブレンダーを使っているが、分量通り（120個分）で仕込むのであれば泡立て器で混ぜればよい。

2 ミキサーに粉類とセミドライイーストを入れ、1を加える。

3 湯種を加える。

4 低速で1分ほど混ぜる。

5 鍋の中身が55℃になるとデンプンのα化がどんどん進むので、業務用の大型ハンドブレンダーに持ち替えてさらに高速で攪拌しながら加熱する。

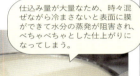

6 鍋の中身が65℃になったら火からおろし、ボウルに移す。

途中、ミキサーボウルや心棒についた生地をスケッパーでかき落としてまとめる。

5 粉気がなくなったら中速にして10分ミキシングする。

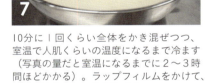

仕込み量が大量なため、時々混ぜながら冷まさないと表面に膜ができて水分の蒸発が阻害され、べちゃべちゃとした仕上がりになってしまう。

7 10分に1回くらい全体をかき混ぜつつ、室温で人肌くらいの温度になるまで冷ます（写真の量だと室温になるまでに2～3時間ほどかかる）。ラップフィルムをかけて、2℃の冷蔵庫で一晩寝かせる。

DAY 2　ミキシング
（写真は粉16kg仕込み）

グルテンを引き出しすぎないようにして、歯切れのよさをだす。

7 生地温度が26～27℃になったら、グルテンチェックする。のばすとグルテンが薄く膜状にのび、最後にばつんと大きく切れる状態がこね上がりの目安。

8 2.4kgに分割して丸める。

材料を前日から冷やしておくのは、季節を問わず一定のミキシング時間でこね上げ温度に達するようにするため。前日計量は、朝の仕込みのオペレーションの効率化にもつながる。

1 Aを前日に計量して合わせ、ラップをかけて冷蔵庫で一晩冷やす。

6 生地温度を計測し、こね上げ温度が26～27℃になるよう、中速でさらに数分ミキシングする。取材時は室温20℃。10分ミキシング後のこね上げ温度は21℃。これ以降は1分ミキシングするごとに約1℃上昇する。

9 生地を逆さにして底をとじる。

10 ばんじゅうに入れ、ラップで覆う。

一次発酵

1 2℃の冷蔵庫で3〜4時間低温発酵させる。写真は発酵後。約1.5倍に膨らむ。

パンチ

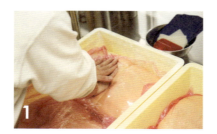

1 両手を重ねて生地の中央に当て、大きい気泡をつぶすイメージで1回ぎゅーっと押す。

分割・丸め

1 生地をスケッパーでばんじゅうからはがして持ち上げ、分割丸め機の専用プレートにのせる。軽く打ち粉をして、厚みがだいたい均等になるように手で押してのばす。

分割・丸めを一気に行う機器。専用のプレートに生地をのせてセットすると、数十秒で分割と丸めが完了する。きれいに丸まることもあるが、刃の跡が残っていたり、底がきれいにとじられていないこともあるので、必ず状態を確認して必要であれば丸めなおす。

2 プレートを分割・丸め機にセットし、分割（80g）と丸めを行う。

3 分割・丸め機からプレートを取り出す。

4 きれいに丸まっていなかった場合は、台の上で4〜5回丸めて表面がなめらかで張りのある状態にする。底をとじて網に並べる。

ベンチタイム

1　4℃のドウコンで30分休ませる。

2　ドウコンから生地を取り出す。

3　ベンチタイム後の生地。

成形

1　粉ふるいで全体に打ち粉をふる。

2　ハンバーガープレス（ハンバーガーのパティをつぶしながら焼くための器具）で生地をつぶし、直径8cmにのばす。

3　直径2cmのセルクルで生地の中央を抜き、リング状にする。

二次発酵

1　網の上に並べ、4℃のドウコンで12〜16時間発酵させる。

DAY 3　復温・最終発酵

> 徐々に温度と湿度を上げていくことで中心までまんべんなく均一に復温していく。一気に温度を上げると外側は過発酵し、中心は冷たいまま揚げることになり、中が生焼けになる。

1　ドウコンの設定を20℃・湿度60％にして45分おき、その後、30℃・湿度70％にしてさらに45分おいて復温・発酵を行う。

乾燥

1　ドウコンの電源を切り、扉を開けて業務用扇風機の風を当て、表面が湿っていない状態になるまで10〜15分乾かす。途中、網の前後を返し、表面がまんべんなく乾くようにする。

揚げ

> これをしないと網にくっついたまま揚がってしまうことがある。

1　表面が乾いたら、生地をやさしくなでるようにして網からはがし、上下を返す。

2　フライヤー（ショートニング・175℃）に網ごと沈め、1分30秒揚げる。トングで天地を返してさらに1分30秒揚げる。

3　網ごとフライヤーから引き上げて油をきり、棚に移して20分ほど室温で冷ます。

Doughnut Mori

Original Glaze

TOKYO
KURAMAE

イタリア産のオレンジの花のハチミツと国産のバターでつくるオリジナルグレーズは、一番人気の品。柑橘のニュアンスを感じる爽やかさとまろやかな風味が味わい深い。アーモンドのプラリネのカリカリとした食感が、むっちりとした生地にアクセントを添える。

オリジナルグレーズ

INGREDIENTS（30個分）
オリジナルグレーズ
バター … 30g
熱湯 … 5g
粉糖 … 132g
ハチミツ … 18g
仕上げ
プレーンドーナツ（P.24-27）… 30個
アーモンドプラリネ（市販品）… 適量

オリジナルグレーズ（写真は分量の90倍）

1 鍋にバターを入れてフタをし、途中適宜混ぜながら弱火で溶かす。
　→ バターが分離すると油っこいグレーズになってしまうので、必ず弱火で状態を確認しながら溶かす。分量通りでつくるなら湯煎もしくは電子レンジで温める。

2 スタンドミキサーのミキサーボウルに熱湯を入れ、粉糖の半量を加える。ホイッパーを取り付けたスタンドミキサーの低速で混ぜる。粉気がなくなったら高速にする。
　→ 水だと粉糖が溶けきらないので、必ず熱湯を用いる。分量通りにつくるなら泡立て器で混ぜる（以下、同様）。

3 全体が混ざったら残りの粉糖と溶かしたバターを加え、均一な状態になるまで高速で混ぜる。その間、ハチミツを電子レンジか湯煎で人肌に温めておく。
　→ 混ざったら、ミキサーボウルをいったん外し、ホイッパーを手で持って底からかき混ぜ、溶け残りがないか確認する（**a**）。

4 人肌に温めたハチミツを加え、高速で2分混ぜる。なめらかで均一な状態になったらできあがり。保存容器に移し、2℃の冷蔵庫で一晩寝かせる。

仕上げ

1 オリジナルグレーズを電子レンジで人肌に温める。
　→ 泡立て器で混ぜては電子レンジにかけることを繰り返し、分離しないよう少しずつ温める（**b**）。写真の量（1900mℓ）の場合、トータルで600W・3〜5分。

2 プレーンドーナツを持って厚みの半分よりちょっと上くらいまでグレーズに浸し、持ち上げて余分なグレーズを落とす。ドーナツをくるっと素早く回してグレーズをきる（**c〜e**）。
　→ グレーズの温度が下がり、浸したときに重く感じるようになったら、1と同様にして温め、つやがでてほどよいかたさになるよう調整する。

3 グレーズが乾ききらないうちにアーモンドプラリネをふる（**f**）。

Doughnut Mori

Pistachio Glaze

TOKYO KURAMAE

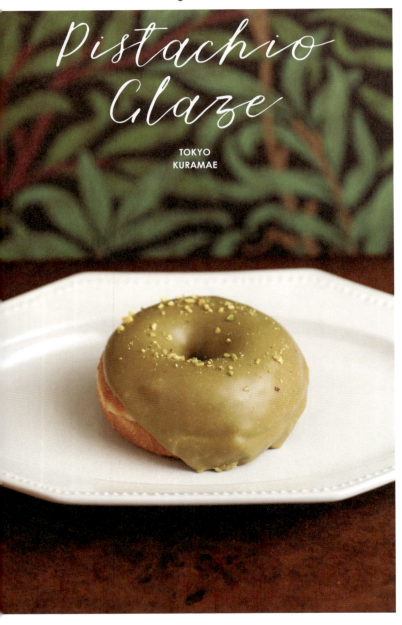

シチリア島ブロンテ産の最高級品質のピスタチオペーストを使い、その濃厚な味わいをストレートに味わわせるため、バター、粉糖のみでシンプルなグレーズに。ピスタチオ特有の上品な香りと旨みが口いっぱいに広がる。

ピスタチオグレーズ

INGREDIENTS（30個分）

ピスタチオグレーズ
- バター … 30g
- 熱湯 … 28g
- 粉糖 … 132g
- ピスタチオペースト … 30g

仕上げ
- プレーンドーナツ（P.24-27）… 30個
- ピスタチオ（砕く）… 適量

ピスタチオグレーズ

1. バターを湯煎か電子レンジで温めて溶かす。バターを熱しすぎると分離して、グレーズが油っこくなってしまうので、状態を確認しながら溶かす。
2. ボウルに熱湯を入れ、粉糖の半量を加える。泡立て器で混ぜる。全体が混ざったら残りの粉糖と1を加えてさらに混ぜる。その間、ピスタチオペーストを湯煎か電子レンジで人肌に温めておく。
3. 2がなめらかな状態になったら、温めておいたピスタチオペーストを加え混ぜる。なめらかで均一な状態になったらできあがり。保存容器に移し、2℃の冷蔵庫で一晩寝かせる。

仕上げ

1. ピスタチオグレーズを電子レンジで人肌に温める（温め方はP.29参照）。
2. プレーンドーナツをグレーズに浸し、余分なグレーズをきる（グレーズのかけ方はP.29参照）。グレーズが乾ききらないうちに砕いたピスタチオをふる。

ピスタチオペースト

ピスタチオグレーズには「マルッロ ピスタチオペースト」を使用。最高級品とされるイタリア・シチリア島ブロンテ村産ピスタチオを使い、砂糖や油脂を加えずにつくられた濃厚なペースト。ブロンテ産のピスタチオは火山性土壌で栽培され、ミネラルが豊富で濃厚な味わいと独特の香りの高さが特徴。2年に1回しか収穫されないため、希少価値も高い。

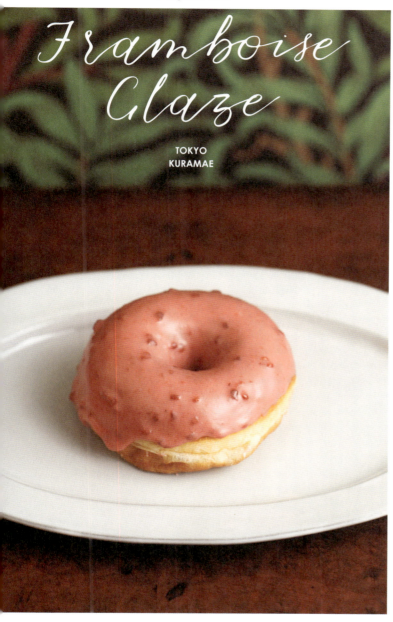

Doughnut Mori

Framboise Glaze

TOKYO KURAMAE

バターと粉糖をベースとしたグレーズに、フランボワーズのコンフィチュールを加えて、香りも見た目も華やかに。鮮やかで上品な色合いが目を引く。コンフィチュールはフランボワーズの香りと酸味を生かして自家製している。

フランボワーズグレーズ

INGREDIENTS（30個分）

フランボワーズのコンフィチュール
　（仕込み量）
　　フランボワーズ（冷凍）… 1kg
　　きび砂糖（「素焚糖」大東製糖）… 600g
　　レモン汁 … 50g

フランボワーズグレーズ
　バター … 30g
　熱湯 … 16g
　粉糖 … 132g
　フランボワーズのコンフィチュー
　　… 上記より30g

仕上げ
　プレーンドーナツ（P.24-27）… 30個

フランボワーズのコンフィチュール

1. 材料をすべて鍋に入れて弱めの中火にかける。混ぜながら熱し、きび砂糖が溶けたら強火にする。
2. とろみがつくまで強火のままで煮る。火からおろして保存容器に移して粗熱をとり、冷蔵庫で一晩寝かせる。

フランボワーズグレーズ

1. バターを湯煎か電子レンジで温めて溶かす。バターを熱しすぎると分離して、グレーズが油っこくなってしまうので、状態を確認しながら溶かす。
2. ボウルに熱湯を入れ、粉糖の半量を加える。泡立て器で混ぜる。全体が混ざったら残りの粉糖と**1**を加えてさらに混ぜる。その間、フランボワーズのコンフィチュールを湯煎か電子レンジで人肌に温めておく。
3. **2**がなめらかな状態になったら、温めておいたフランボワーズのコンフィチュールを加え混ぜる。なめらかで均一な状態になったらできあがり。保存容器に移し、2℃の冷蔵庫で一晩寝かせる。

仕上げ

1. フランボワーズグレーズを電子レンジで人肌に温める（温め方はP.29参照）。
2. プレーンドーナツをグレーズに浸し、余分なグレーズをきる（グレーズのかけ方はP.29参照）。

Doughnut Mori

Yakiimo Mascarpone

TOKYO
KURAMAE

ベニエにマスカルポーネと焼きイモのクリームをたっぷりと挟んだ生菓子のような仕立て。マスカルポーネはイタリア産を使用。きび砂糖のみを加え、その濃厚な味わいをシンプルに生かす。バターをたっぷりと加えた焼きイモのクリームの濃厚な風味が際立つ構成。

焼き芋マスカルポーネ

INGREDIENTS

ベニエ（120個）
　プレーンドーナツ（P.24-27）の生地 … 全量
焼き芋クリーム（39個分）
　焼きイモ（市販）… 1kg
　きび砂糖（「素焚糖」大東製糖）…140g
　牛乳 … 150g
　バター … 300g
マスカルポーネクリーム（14個分）
　マスカルポーネ（イタリア産）… 500g
　きび砂糖（同上）… 70g

ベニエ

1　プレーンドーナツ（P.24-27）と同様に湯種づくりから成形まで行い、成形の際、ハンバーガープレスで伸ばしたら、穴は開けずに二次発酵させる（a）。その後の工程も同様だが、揚げ時間は片面あたり2分ずつ。天地を返した後は、重しとして網をのせて揚げる（b）。

焼き芋クリーム

1　焼きイモを漉し器で漉す。ミキサーボウルにきび砂糖とともに入れ、ビーターを取り付けたスタンドミキサーの中速でダマがなくなるまで混ぜる。
2　人肌に温めた牛乳に溶かしたバターを合わせておく。
3　1に2を3回に分けて加え、その都度で中速で均一な状態になるまで混ぜる。ボウルに移してラップをかけ、冷蔵庫で一晩寝かせて味を落ち着かせる。
4　電子レンジで人肌に温め、スタンドミキサーで混ぜてなめらかな状態にする（c）。

マスカルポーネクリーム

1　ミキサーボウルにマスカルポーネときび砂糖を入れ、ホイッパーを取り付けたスタンドミキサーの低速で混ぜる。きび砂糖が全体に行き渡ったら混ぜ終わり（d）。だれやすいので混ぜすぎない。

仕上げ

1　ベニエに切り込みを入れる。絞り袋（星口金6切・10番）にマスカルポーネクリームを詰め、1周（40g）絞る（e）。
2　絞り袋（ウィルトン口金＃4B）に焼き芋クリームを詰め、マスカルポーネクリームの上に2〜3周（40g）絞る（f）。
3　上側の生地をクリームにかぶせ、粉糖を茶漉しでふる（g）。

マスカルポーネについて

イタリアの「ジリオ」というブランドのものを使用。国産に比べて断然風味が濃厚。せっかくの濃厚さが淡くなってしまうので生クリームは加えず、砂糖で甘みをつけるのみにとどめている。砂糖はすっきりしていながら風味とコクのあるきび砂糖をチョイス。「マスカルポーネもきび砂糖もどちらも風味のある素材同士で相性がよい」（ドーナツもり・森さん）。

ドーナツもりの店づくり

カジュアルなイメージのあるドーナツに、
フランス菓子の要素を掛け合わせる

飲食店の立ち並ぶ神楽坂。にぎやかな表通りから神社の脇を抜けた先の静かな坂道に、小さなドーナツ店がオープンしたのは2020年2月のこと。もっちりとして食べごたえのある大きめの生地に、バターをたっぷりと使った濃厚なグレーズや自家製のコンフィチュールが美しくあしらわれた生菓子のようなたたずまいのドーナツが、アンティークのショーケースに端正に並ぶ。はじめの1年は週末のみの営業だったにもかかわらず、そのおいしさが話題となり、Instagram以外での告知はほとんどしていなかったが、連日夕方には売り切れ仕舞いする大繁盛店となった。

店主は会社員のかたわら、デセール・コース専門店のパティシエが開くプロ向け講座に通ってフランス菓子の修業をした森敬之さん。2024年1月には2号店となる蔵前店をオープンさせた。セントラルキッチンとしての機能も備えた2号店の厨房は、大型のドウコンやコールドテーブル、丸め・分割機や二曹式のガスフライヤーといった機器を充実させ、最大で2,000個程度の製造が可能となった。現在は平日は500個前後、週末は1,000個ほどを製造。製造スタッフは平日は5人、週末は7人。いずれはもう1店、出店可能だと考えている。

ドーナツの価格帯は400～600円台。プレゼントやお土産にと3～4個求めるお客が主だが、10個ほどまとめて買っていく人も珍しくない。現在の製造体制だと、出店は3店が限界だが、この味わいを広めるべく、フランチャイズ展開することも視野に入れている。3日かけて仕込む手間暇かけた生地。厳選した良質な素材でほどこすデコレーション。カジュアルなアメリカンスイーツというイメージの強いドーナツを、フランス菓子の域にまで高めた新たな味わいが、より広い地域で楽しめるようになる日も遠くないかもしれない。

SHOP INFORMATION

蔵前店
東京都台東区駒形1-5-5
11:00～18:00（売り切れ次第閉店）
Tel. なし
店休日はInstagram参照
instagram@doughnutmori

オーナー　森 敬之さん
1987年島根県生まれ。文化服装学院卒業後、アパレル、飲食、設計などの職を経る。2017年より会社員の傍ら、独立開業を見据えてフランス菓子店「セシル エリュアール」（現 東京・錦糸町）にて学ぶ。店休日の間借り営業、イベント出店などを経て、2020年、同店の移転時に物件を譲り受け、妻・智実さんとともに開業。2024年蔵前店を出店。

伝統的なフランス菓子の手法を、ドーナツづくりに生かす

ドーナツ生地のレシピはフランス菓子の師匠である「セシル エリュアール」の鈴木祥仁さんに助言をもらいながら組み立て、開業後もブラッシュアップを続けて完成させたもの。リングドーナツだけでなく、フランスの丸いドーナツであるベニエもラインナップする。ベニエに詰めるクレーム・パティシエールやコンフィチュールなどはフランス菓子の技法を用いて自家製。リングドーナツのグレーズには、2年に1度しか収穫されないシチリア産の最高級ピスタチオペーストやベルギー産クーベルチュールなど、フランス菓子に使われる上質な素材をふんだんに用いて、特別感のある仕立てに。

湯種に一晩、生地に一晩。
3日間かけて、丁寧につくりだすおいしさ

材料の小麦粉の一部に水を加えて熱し、デンプンを糊化させてつくる湯種。食パンに用いられることの多い製パンの技法だ。湯種は加熱後、一晩寝かせてから使う。また、その湯種を使って本ごねする生地は低温長時間発酵させているため、ドーナツ完成の2日前から仕込み始める必要がある。手間暇も保管場所のコストもかかるが、長時間の熟成・発酵によって旨みが増し、保水性も高くなるため、おいしさが安定した状態を長時間保つことができる。

アンティークの家具や建具を用いて、歴史を感じさせる落ち着いた雰囲気に

「ドーナツもり」のコンセプトは、手軽なイメージのあるドーナツに伝統的なフランス菓子の要素をプラスした特別なドーナツというもの。このコンセプトが内装からも感覚的に伝わってくる。ショーケースの奥に置かれた作業台や戸棚、売り場と厨房を隔てるステンドグラスのドアはどれも1920年代のアンティーク。落ち着いた雰囲気に合わせて真鍮をメインにしたクラシカルな雰囲気の照明を選んだ。「フランスの片田舎にたたずむ小屋」という森夫妻のイメージを具現化した神楽坂店との繋がりが感じられる。また、2号店の出店場所である蔵前は浅草からも徒歩圏内で、ものづくりの街として発展してきたエリア。神楽坂同様、町の歴史が感じられる立地は、丁寧につくられる上質なドーナツを提供する場所としてもうってつけ。

取材当日のラインナップ（全14種）

イーストドーナツ7種
・オリジナルグレーズ 421円
・チョコレートグレーズ 421円
・フランボワーズグレーズ 421円
・ピスタチオグレーズ 529円
・胡麻きなこグレーズ 421円
・キャラメルくるみ 421円
・紅茶生地のバニラシュガー 421円

オールドファッション2種
・チョコレートグレーズ 421円
・オリジナルグレーズ 421円

ベニエ4種
・アプリコットラム 421円
・ざらめバター 529円
・あんバター 529円
・焼き芋とマスカルポーネのベニエ 626円

その他1種
・ドーナツの穴 421円

サンデーヴィーガンのヴィーガンドーナツづくり

SUNDAY VEGAN

DONUT SHOP

TOKYO
KICHIJYOJI

ベーカリーならではの知識と技術で、
ヴィーガンとは思えない満足感を

ヴィーガンではないからこそ
おいしいものがつくれるという逆説

ヴィーガンのパンにおいては、動物由来の素材である乳製品と卵が使えない。それゆえ、単にリーンなパンになるか、特有のクセのある味わいになりがちだ。特に、生地に卵やバターを多めに配合してリッチな味わいをだすドーナツは、卵が使えない分、乳製品の代替品である大豆由来の油脂やクリームの割合を増やすことで味わいの乏しさをカバーしがち。特有の風味やクセはこの大豆製品の使いすぎからくることが多い。SUNDAY VEGANのドーナツにはこの「ヴィーガンならではのクセ」が感じられない。その理由を、店長ですべてのレシピを組み立てる山口友希さんは「私を含め、スタッフが誰もヴィーガンではないから」と語る。パン職人の知恵と技術を集結して「生地そのもののおいしさ」を飽くまで追求し、製法や素材を吟味した結果が、この稀有なおいしさというわけだ。

材料の吟味、製法の工夫。
気が遠くなるほどの試行錯誤の果て

例えば、イーストドーナツの生地は、低温長時間発酵で生地の旨みを増し、味わいに奥行きを出している。イーストは低温・高糖生地でもしっかり発酵させる力のある生イーストを使用。もっちりとした食感が長持ちするよう加水率を高めにし、小麦粉は保水性が高くて老化が遅く、しっかりと味わいがありつつ作業性もよい「ベル ムーラン」を主に使い、低温でもボリュームが出る「ブリザードイノーバ」を粉全体のうち2割配合して調整を行った。また、一般的にはフランスパンなどに用いられるルヴァン種を自家製して配合し、味わいに奥行きを持たせている。

大豆製品の選定も重要。単なる代替品ではなく、製品自体の味がおいしいものを厳選している。また、豆乳ホイップクリームの、ドーナツに詰めるとどうしてもかすかに香る大豆特有の風味をほどよくやわらげるため、製菓製パンに用いられるありとあらゆる洋酒を試し、キルシュにいきつくなど、完全に満足のいくまでレシピを試行錯誤。ココア生地に香りと風味の異なる2種のカカオパウダーを用いたり、クリームドーナツには、5種のベリーを炊いて自家製したジャムを用い、仕上げにはベリーのパウダー入りの砂糖をまぶすなど、香りや味わいを重層的にすることで、ドーナツとしての満足感を極限まで追求している。

SUNDAY VEGANの
ヴィーガンバンズ カカオ

DAY 1

● ヴィーガンバンズ生地
ミキシング
縦型ミキサー（ドラゴンフック）
油脂以外を低速3分 → 中速3分 →
高速3分 → 油脂投入 →
低速3分 → 中速3分 → 高速3分
こね上げ温度21℃

● ヴィーガンバンズ カカオ生地
ミキシング
ヴィーガンバンズ生地に
　カカオパウダーを加えて高速3分

分割・丸め
60g・丸形

一次発酵
-4℃・10時間

復温・パンチ・成形
室温（21℃）・30分 →
パンチ1回 → 二つ折り → 丸形

二次発酵
35℃・湿度80%・1時間

乾燥
室温（21℃）・数分

揚げ
オーガニックショートニング（180℃）
すぐに天地を返す → 1分30秒 →
天地を返して1分30秒 →
天地を返して20秒

冷ます
室温（21℃）・約20分

INGREDIENTS

● ヴィーガンバンズ生地（約33個分）

A
　強力粉（「ベル ムーラン」日清製粉）… 800g/80%
　強力粉（「ブリザードイノーバ」日清製粉）… 200g/20%
　きび砂糖（「喜美良」大東製糖）… 150g/15%
　塩 … 15g/1.5%
　生イースト（「USイースト」オリエンタル酵母工業）… 40g/4%
　水 … 620g/62%
　ルヴァンリキッド（下記）… 50g/5%

B
　オーガニックショートニング（ダーボン・オーガニック・ジャパン）… 100g/10%
　無塩豆乳クリームバター（「ソイレブール」不二製油）… 50g/5%

● ヴィーガンバンズ カカオ生地（10個分）
ヴィーガンバンズ生地 … 上記より530g
アマゾンカカオパウダー（無糖）… 20g
カカオパウダー（カカオ100%・無糖）… 8g
水 … 42g
揚げ油（オーガニックショートニング・同上）… 適量

ルヴァンリキッド
主にバゲットやカンパーニュなどのハードパンに用いられる液状の酵母種のこと。SUNDAY VEGANでは「ルバン30」というルヴァンリキッド製造専用の機械を使って自家製している。

DAY 1　● ヴィーガンバンズ生地（写真は6倍量）

ミキシング

1
Aの生イーストに分量の水の一部を加え混ぜておく。

2
縦型ミキサーにドラゴンフックを取り付け、ミキサーボウルにAを入れる。低速で3分ほど回す。粉が飛ばなくなったら中速にして3分回す。のびがよくなってきたら高速で3分回す。

● ヴィーガンバンズ カカオ生地（写真は分量の10倍）

ミキシング

1 カカオパウダー2種と分量の水を混ぜておく。

2 こね上がったヴィーガンバンズ生地の入ったミキサーボウルに1を加える。高速で3分こねる（下写真はこね上がり）。

3 生地を作業台に移し、分割しやすいように均一な厚みの長方形にのばす。

3 グルテンチェックしてみて、薄くのびるようになったら、Bを加える。

4 低速で3分こね、Bが生地の全体に行き渡ったら中速にしてさらに3分こねる。のびがよくなってきたら高速にしてさらに3分こねる。写真はこね上がり。

> 21℃に達していなかったら高速でさらにこねる。19℃以降は、1分あたり1℃ほど温度が上昇する。

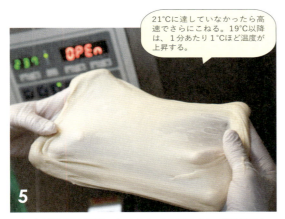

5 こね上げ温度は21℃。なめらかでのびのよい状態がこね上がりの目安。

6 カカオ生地にする分はミキサーボウルに残す。それ以外は取り出して、カカオ生地と同様に分割〜乾燥を行い、揚げる。

分割・丸め

60gに分割し、手で生地を覆い、台の上でくるくると円を描くようにして丸める。

一次発酵

天板にポリエチレンの緩衝シートを敷き、その上に丸めた生地を並べる。-4℃のドウコンで10時間発酵させる。下写真右が発酵前、左が後。

復温

生地を室温（21℃）に30分置いて復温させる。さわってみて生地がゆるんでいる感触があれば、成形に移る。

パンチ・成形

生地を手の平でつぶして空気を抜き、折りたたんでから台の上でくるくると円を描くようにして丸める。底をとじて、緩衝シートを敷いたばんじゅうに並べる。

二次発酵・乾燥

1 35℃・湿度80％のドウコンで1時間発酵させる。ホイロから出し、生地の表面が乾くまで室温に置く。写真上は発酵前、下は発酵後。

揚げ

揚げ油に生地を入れてすぐに天地を返すと油ぎれがよくなる。

1 フライヤー（オーガニックショートニング・180℃）に生地を入れ、すぐに天地を返す。その後、1分30秒揚げる。再度、天地を返してさらに1分30秒揚げる。最後にもう一度天地を返し、20秒揚げる。

2 揚げている間、表面に大きな気泡ができたら、楊枝でつついてつぶす。

3 網に上げて油をきり、室温（21℃）で約20分冷ます。

SUNDAY VEGAN
MOCHI
TOKYO
KICHIJYOJI

グルテンフリー&ヴィーガンのドーナツ。米粉専用に開発された品種「笑みたわわ」との出会いから生まれた、もちもちと弾力が強く、味わい深い生地。中に黒蜜とあんこをたっぷりと巻き込み、きな粉をまぶして和テイストでまとめた。

SUNDAY VEGANの
米粉ドーナツ

DAY 1

米粉の湯種
65℃まで加熱 → 粗熱をとる

ミキシング
スタンドミキサー（ビーター）
米粉の湯種のみ中速3〜4分 →
砂糖・塩投入 →
低速1分弱 → 中速2〜3分 →
米粉パンミックス・水投入 →
低速1分弱 → 中速2〜3分 →
生イースト投入 → 高速4分 →
太白ゴマ油投入 → 高速4分

一次発酵
35℃・湿度80％・40分

分割・成形
長方形（65g）→
黒蜜・あんこを包む →
棒状 → リング状

ベンチタイム
35℃・湿度80％・20分

揚げ
オーガニックショートニング（180℃）
2分 → 天地を返して2分

冷ます
室温（21℃）・約20分

仕上げ
きな粉シュガーをまぶす

INGREDIENTS（約15個分）
米粉の湯種（できあがり520g）
　米粉パンミックス（「えみたわわ 米粉パンミックス」兵四郎ファーム）… 85g
　水 … 475g
生地
　米粉の湯種 … 上記全量
　米粉パンミックス（同上）… 340g
　きび砂糖（「喜美良」大東製糖）… 51g
　塩（「五島灘の塩」菱塩）… 5.1g
　水 … 17g＋42.5g
　生イースト（「USイースト」オリエンタル酵母工業）… 17g
　太白ゴマ油 … 51g
黒蜜（市販）… 30g
あんこ（市販）… 300g
オーガニックショートニング（ダーボン・オーガニック・ジャパン）… 適量
仕上げ
　きな粉シュガー* … 適量
　＊きな粉100g、ビートグラニュー糖100g、塩（同上）0.5gを袋に入れて混ぜ合わせ、保存容器で保存しておく。

DAY 1　米粉の湯種

1 テフロンのフライパンに材料を入れて混ぜる。

2 中火にかけ、混ぜながら熱する。

3 どんどんとろみがつき、生地がまとまって透明感が出てくる。65℃になったら火から下ろし、混ぜながら粗熱をとる。

ミキシング

1 生イーストに水（17g）を加えて混ぜておく。

2 ビーターを取り付けたスタンドミキサーに米粉の湯種を入れ、中速で3〜4分回して冷ます。

＞ 湯種は、他の材料を加える前に、しっかりと撹拌して粘りを出しておく。

3 きび砂糖と塩を加えて低速で全体に行き渡らせ（約1分弱）、中速にして2〜3分回す。

4 まず米粉パンミックスを加え、次に水（42.5g）を加える。低速で約1分弱混ぜ、粉が飛ばなくなったら中速にして、なめらかなペースト状になるまで2〜3分混ぜる。途中、ボウルの側面についた生地をゴムベラでかいてまとめる。

5 1を加えて高速で4分回す。

6 ミキサーを回したまま、太白ゴマ油を細くたらしながら加える。高速でさらに4分回す。混ぜ終わりはのびがあってなめらかな状態（写真下）。

一次発酵

1 水分が多くべたつきやすい生地なので、ボウルにくっつくのを防ぐために離型油（分量外）をスプレーしておく。

2 1のボウルに生地を入れ、ラップを表面に密着させて覆う。35℃・湿度80％のドウコンで40分発酵させる。上は発酵前、下は後。

分割・成形

＞ べたつくので打ち粉は多めにふること。

1 生地を台に取り出して打ち粉（強力粉）を多めにふり、厚さ1cmの長方形にのばす。65gの長方形に分割する。

2 生地を手で幅5〜6cm長さ約10cmの長方形にのばし、中央に直線を描くように黒蜜を2g絞る（両端は1cmほどあける）。

3 あんこを7〜8cmの棒状にまとめておき、**2**の黒蜜の上に置く。

4 生地であんこを包んで棒状にする。

5 台の上でころころと5〜6回転がして、きれいな棒状にととのえる。

6 片端を手で押して平らにつぶす。

7 つぶした部分で反対側の端を包むようにしてリング状にする。

ベンチタイム

1 天板にポリエチレンの緩衝シートを敷き、離型油(分量外)をスプレーする。生地に、ひとまわり大きく切ったクッキングペーパーをのせ、ひっくり返して緩衝シートに移す。35℃・湿度80%のドウコンで20分ベンチタイムをとる。

> ポリエチレンの緩衝シートは、クッキングペーパーやシルパットなどと比べても格段に生地がくっつきにくい。MOCHIの生地は非常にべたつきやすく扱いにくいため、さらにシートにスプレーオイルを吹いてくっつくのを防いでいる。

揚げ

1 フライヤー(オーガニックショートニング・180℃)に生地をクッキングペーパーごと持ち上げて入れる。

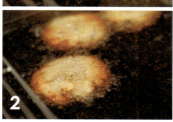

2 2分揚げ、天地を返してさらに2分揚げる。クッキングペーパーがはがれたらトングで取り除く。

3 網に上げて油をきり、室温(21℃)で約20分冷ます。

4 粗熱がとれたらきな粉シュガーをたっぷりとまぶす。

SUNDAY VEGAN

Carrot

TOKYO
KICHIJYOJI

CHAPTER 1

キャロットケーキをモチーフとしたケーキドーナツ。モラセスやスパイスが、ニンジンの風味に深みを与える。溝を入れてから揚げることで割れ目ができ、表情が生まれるとともにクリスピーな歯ざわりが味わえる。生地に混ぜ込んだシリアルのカリカリ感も楽しい。

キャロット

INGREDIENTS（約20個分）

ニンジン … 300g

A
- モラセス*1 … 42g
- 豆乳 … 84g
- アマニパウダー … 12.5g

B
- 薄力粉（「クーヘン」江別製粉）… 577g
- きび砂糖（「喜美良」大東製糖）… 276g
- オートミール*1 … 75g
- オートミールパウダー … 138g
- シナモンパウダー … 3.8g
- オールスパイスパウダー … 3.8g
- ベーキングパウダー*2 … 12.5g

ココナッツオイル*1 … 125g
オーガニックショートニング（ダーボン・オーガニックジャパン）… 適量

*1 オーガニックのもの。
*2 アルミニウムフリーのもの。

1 ニンジンはチーズおろし器で粗めのせん切りにする。Aの材料を鍋に入れ、とろみが出て人肌に温まるまで混ぜながら火にかける。

2 ミキサーボウルに1とBを入れ、ココナッツオイルを全体に回しかける。ビーターを付けたスタンドミキサーの低速で約1分混ぜ、全体が混ざったら中速にしてさらに約1分、粉気がなくなったら高速にしてさらに2〜3分混ぜる。混ぜすぎるとグルテンがですぎて食感が重くなってしまうので注意する。

3 台に取り出して打ち粉をし、80gに分割する。

4 台の上でころころと5〜6回転がして、長さ20cm弱の棒状にととのえる。片端を手で押して平らにつぶす。つぶした部分で反対側の端を包むようにしてリング状にする。直径6.5cmのセルクルを深さ約0.5cmくらいまで差し込み、揚げた時に割れ目になる溝をつける。この状態で冷凍保存する。

5 4を常温（約20℃）に約20分おいて半解凍の状態にする。さわってみて表面がやわらかくなっていたらよい。

6 フライヤー（オーガニックショートニング・180℃）に生地を入れ、1分30秒揚げる。天地を返して1分30秒揚げる。網に上げて油をきり、常温で冷ます。

SUNDAY VEGAN
Berry Cacao
TOKYO KICHIJYOJI

ベリーカカオ

INGREDIENTS

ベリージャム（仕込み量）
　フランボワーズ（冷凍）… 250g
　レッドカラント（冷凍）… 250g
　ブルーベリー（冷凍）… 250g
　ブラックベリー（冷凍）… 250g
　フランボワーズのピュレ（ボワロン）… 1kg
　ビートグラニュー糖 … 1kg
　オーガニックレモン果汁 … 100g

ヴィーガン・シャンティイ（仕込み量）
　豆乳ホイップクリーム
　　（「濃久里夢ほいっぷくれーる」不二製油）… 1kg
　ビートグラニュー糖 … 70g
　キルシュ … 6g

ベリークリーム（仕込み量）
　フランボワーズ（フリーズドライ）… 20g
　ベリージャム … 左記より300g
　ヴィーガン・シャンティイ … 左記全量

ベリーシュガー（仕込み量）
　フランボワーズパウダー … 50g
　ビートグラニュー糖 … 1kg

仕上げ（1個分）
　ヴィーガンバンズ カカオ（P.38-41）… 1個
　ベリークリーム … 上記より30g
　ベリーシュガー … 上記より適量

苦みをきかせた香り高いカカオ生地に、ベリーの香り華やかなクリームをたっぷりと詰めたヴィーガンクリームドーナツ。クリームにはベリー4種とピュレ1種を、生地にまぶすシュガーにはベリーのフリーズドライパウダーを用い、重層的な香りと味わいで満足感を追求した。

ベリージャム

1 冷凍のベリー4種とピュレは前日に計量して合わせ、冷蔵庫で一晩ゆっくりと解凍する。
2 1とその他の材料をすべて混ぜ合わせる。中火にかけ、ゴムベラで混ぜながら熱する。グラニュー糖が溶けたら、ふつふつと沸くくらいの火加減にして、焦げないようにたまに混ぜながら1時間ほど炊く（**a**）。
3 水に落とすと溶けずにかたまる（**b**）ようになってきたらできあがり（**c**）。常温で粗熱をとり、冷蔵庫で一晩ねかせる。

ヴィーガン・シャンティイ（写真は倍量）

1 ホイッパーを取り付けたスタンドミキサーに豆乳ホイップクリームとビートグラニュー糖を入れ、しっかりと泡立てる。キルシュを加え、中速で混ぜる（**d**）。

ベリークリーム

1 フランボワーズは袋に入れて手でつぶす。細かくしすぎず、ほどよく質感が残るようにするとよい。
2 1と残りの材料をボウルに入れ、ゴムベラで混ぜて均一な状態にする（**e**）。

ベリーシュガー

1 ビニール袋に材料を入れ、よく振って混ぜる。まとめて仕込み、瓶に入れて保存する。

仕上げ

1 ナイフを生地に差し込み、写真の点線の矢印のように切り込みを入れてクリームが入るスペースをつくる（**f**）。
2 丸口金を付けた絞り袋にベリークリームを詰め、1に30g絞り入れる。ベリーシュガーをたっぷりとまぶす（**g**）。

SUNDAY VEGAN

Lemon

TOKYO
KICHIJYOJI

粉の味わいをしっかりと引き出したヴィーガンドーナツに、レモンのアイシングをかけた定番の一品。アイシングには皮も加えてレモンの存在感を強調。さわやかで鮮烈な酸味と香りをストレートに味わえる。シンプルゆえにドーナツ生地のおいしさが味わいの肝。

CHAPTER 1

レモン

INGREDIENTS
生地（10個分）
　ヴィーガンバンズ生地（P.38-39）… 600g
　オーガニックショートニング（ダーボン・オーガニック・ジャパン）… 適量
レモンアイシング（仕込み量）
　純粉糖 … 1.2kg
　オーガニックレモン果汁 … 210g
　レモンの皮のすりおろし … 10g

生地
　分割・丸め・一次発酵
1　ヴィーガンバンズ生地を60gに分割し、台の上でくるくると円を描くようにして丸める。底をとじて、天板に並べる。-4℃のドウコンで10時間発酵させる。

　成形
2　生地に打ち粉をし、モルダー（生地をのばし、棒状に巻いて成形する製パン用機器）で成形する。その後、台の上で両手で転がし、長さ20cm弱にのばす。片端を手で押して平らにつぶし、つぶした部分で反対側の端を包むようにしてリング状に成形し、つなぎ目を指でつまんでとじる。

　二次発酵
3　35℃・湿度80％のドウコンで30〜40分発酵させる。ドウコンから出し、生地の表面が乾くまで常温に置く。

　揚げ
4　フライヤー（オーガニックショートニング・180℃）に生地を入れ、すぐに天地を返す。その後、2分揚げる。再度、天地を返してさらに2分揚げる。最後にもう一度天地を返し、10秒揚げる。
　→ 揚げ油に生地を入れてすぐに天地を返すと油ぎれがよくなる。

5　網にとって油をきり、室温で冷ます。

　レモンアイシング
1　ボウルに純粉糖を入れ、オーガニックレモン果汁を加え混ぜる。なめらかなペースト状になったらレモンの皮のすりおろしを加え混ぜる。

　仕上げ
1　生地を手に持ってレモンアイシングに厚みの半分くらいまで浸す。持ち上げて、アイシングをきる。
2　アイシングが乾くまで常温に置く。

SUNDAY VEGANの店づくり

言われなければ気づかない
極めて満足感の高いヴィーガンドーナツ

そもそものはじまりはコロナ禍。緊急事態宣言発令後、都心の飲食店はどこも苦戦した。新宿中央公園をのぞむデザインホテル「THE KNOT TOKYO Shinjuku」1階に店を構える「モアザンベーカリー」も例外ではなかった。そんなときだからこそ。店長の山口友希さんは、2020年9月に毎週日曜限定でヴィーガンのパンのみを並べる「SUNDAY VEGAN」というイベントを立ち上げた。ヴィーガンであることのみに甘んじず、ただただおいしさを追求した品ぞろえで、近隣のお客を中心に客足を伸ばし、あっという間に平日の売り上げを超えるように。中でももっとも人気のあったアイテムがドーナツだった。

2023年5月には吉祥寺に、イベント名を冠したヴィーガンドーナツ専門店をオープン。立地は吉祥寺駅前から井の頭公園へつながるにぎやかな通りで、人目にはつきやすいが苦戦を強いられる店も多いエリア。しかし、その目新しさとおいしさで新しい店好きな吉祥寺住民の心を早々につかみ、平日は近隣に生活、仕事、学びの場を持つ人たちで、週末は都内外から遊びに来た人々でにぎわっている。

開店は午前8時。公園で散歩を楽しむ人や通勤通学の途中に立ち寄るお客が途切れず訪れる。ピークタイムは、近くの店でランチを終えたお客がおやつを買いに訪れる14〜15時頃。日によっては16時くらいに売れ切れ仕舞することもある。製造スタッフは平日2人、週末3人。そのほかに販売スタッフが1人。厨房と店舗合わせて13坪強のコンパクトなスペースでありながら、ドーナツ約12種と焼き菓子約5種を製造する。平日の販売数は400〜500個。井の頭公園の桜が満開を迎える時期には約700個を売り上げる日も珍しくない。

飲食店の生き残り競争が激しい吉祥寺という町で、早くも「公園の近くのドーナツ屋」として認知が広がっている同店。すでに通りの顔の一員の仲間入りを果たしている。

SHOP INFORMATION

東京都武蔵野市吉祥寺南町1-15-6
Tel. なし
8:00〜17:00
店休日はInstagram参照
instagram@we_are_sundayvegan

店長　山口友希さん
1982年東京都出身。専門学校卒業後、フランス料理店、「バワリーキッチン」（東京・駒沢）、「バーゼル」（同・八王子）などを経て、「ロンハーマン カフェ」（同・神宮前）で8年間シェフを務める。その後、株式会社マザーズに入社。「モアザンベーカリー」立ち上げ時から店長および、同社運営の全ベーカリーのサンドイッチ部門シェフを務める。

アパレルの店舗デザインに倣（なら）い、人の心と体に寄り添うデザインに

まず意識したのは入りやすいエントランスづくり。ドアは天井までガラス張りの引き戸とし、営業中はなるべく開け放して風と光をたっぷりと店内に入れる。また、厨房との仕切りも全面ガラス張りにして抜け感のあるつくりに。内装はアパレルの店舗デザインを専門に行うデザインチームに依頼し、棚やディスプレイの高さ、空間の余白や動線など、細かな点に至るまで居心地のよいスペースであるよう考えつくして設計。色味は緑や木の地色など、公園とのつながりを感じさせてかわいすぎないトーンに。来客の性別や年齢層を選ばない店を目指した。

おもわず撮りたくなるディスプレイ

ディスプレイは高低差をつけて動きを出している。一見ランダムにみえて、自然と目線が隣へと誘導されるため、目移りしながら選ぶ楽しさが生まれる。ドーナツを盛る皿は、カナダのデザイナー、クセニア・テイラーによる竹粉やコーンスターチを使ってつくられたもの。ヴィヴィッドでありながら、温かみも感じられるデザインで、ドーナツを引き立てる。順番を待つお客がついついディスプレイを撮影していくのもうなずける。また、店内奥の棚では、ドーナツに使うオーガニックのオーツミルクなど、厳選したグロッサリーを販売。どの商品も生産者に会って、ものづくりにかける思いを聞いた上で取り扱っている。デザイン性も高く、ギフトや自分用のごほうびにと買っていくお客も。

生地のタイプは3種類 ベーカリーならではの幅の広さ

プレーンなイーストドーナツをグレーズやトッピングでバリエーション展開する店が多い中、SUNDAY VEGANでは、イーストドーナツは2種、ケーキドーナツは3〜4種、米粉ドーナツは1種と生地だけでも約7種と多彩にそろえる。

取材当日のラインナップ（全13種）

クリームドーナツ4種
・カスタード 330円
・Wチョコレート 390円
・キャラメル 390円
・ベリーカカオ 400円

イーストドーナツ4種
・シュガー 190円
・シナモン 190円
・レモン 220円
・ココナッツカカオ 230円

ケーキドーナツ4種
・ミルクドーナツ 300円
・キャロット 350円
・コーヒー 350円
・ミルクドーナツの穴 300円

米粉ドーナツ1種
・MOCHI 400円

ハグジードーナツの生地づくり

HUGSY DOUGHNUT

DONUT SHOP

TOKYO
SEISEKI-SAKURAGAOKA

むぎゅっと、もちもち、大きめサイズ。
数限りないトライアルから生まれた
唯一無二の味わい

CHAPTER 1

自分の舌を頼りに求める味わいを探る

レシピが完成したのは開店の数日前。製造を担当する妻のまつかわゆみさんは、開店までの2ケ月間、勤め先から終電で帰宅し、明け方まで思いつく限りの材料や配合を納得がいくまで試し続けた。そうして、自らの舌を頼りにイーストドーナツ生地を完成させた。

手づくりならではの味わいを提供したく、はじめは手ごねで、と思っていた。しかし、試作するうち、製造が追いつかないと判断。ミキシングと一次発酵用の機材として大型のホームベーカリーを使うことに。フランスパン用準強力粉などを中心に試作したが、こね時間の長いホームベーカリーだと引きが強くなりすぎた。そこで、ボリュームがしっかりとでるタイプの強力粉に薄力粉をブレンド。生地の状態は悪くなかったが、味わいが物足りなかったため、さらに全粒粉を配合。強力粉2に対して薄力粉と全粒粉を1ずつ。この比率にたどりつくまでも、様々な配合を試した。

砂糖は種子島産のきび砂糖と沖縄産の黒糖の2種を合わせ、塩は味わいと旨みのあるゲランドの塩を。卵は使わないとはじめから決めていた。シンプルでストレートな味わいにしたかったからだ。豆腐を使うとまとまらず、牛乳だと重くてかたい生地になった。そこで豆乳を使ってみたところ、軽すぎず重すぎないもちっとした食感としっとり感をだすことができた。

発酵はホイロではなく、湯を沸かした鍋の上でとっている。発酵の進み具合をみて、湯を沸かしなおしたり、生地を入れたばんじゅうを鍋の上からはずしたり、こまめに状態をみながら調整する。温度と時間で一律に管理するのではなく、生き物である酵母の働き具合を見守り、自らが動いて状態を調整する。

修業経験をもってしても越えられない
完成度の高いレシピ

開業後、ゆみさんは経験を積む必要性を感じ、営業を続けながらベーカリーで3年間修業した。そこで得た知識と経験をもとに作業効率や配合をブラッシュアップしようとしたが、何度試作してもピンとこない。手探りで組み上げた配合と製法の完成度は、本人が思うよりもずっと高く、唯一無二のものだったのだ。いま、ゆみさんは、現状のレシピの生地とはまったくタイプの異なる、よりふんわりとしたイーストドーナツ生地の開発に取り組んでいる。10年目の新しい挑戦。たぐいまれな舌で切り開いていく。

HUGSY DOUGHNUTの
プレーンドーナツ

DAY 1

ミキシング・一次発酵
ホームベーカリー（パン生地コース）
運転開始5分後にバター投入
こね上げ温度25℃

分割・丸め
60g・丸形

ベンチタイム
室温（21℃）・15分

成形
直径8cmのリング状

二次発酵
ばんじゅうに入れてフタ →
湯を沸かした鍋の上
生地温度27℃

乾燥
ばんじゅうのフタを外す →
室温・3〜5分

揚げ
菜種油（170℃）
1分30秒 →天地を返して1分30秒

INGREDIENTS （約24個分）

A
- 強力粉（「イーグル」ニップン）… 400g
- 薄力粉（「スーパーバイオレット」日清製粉）… 200g
- 全粒粉（「グラハムブレッドフラワー」日清製粉）… 200g
- 種子島産粗糖 … 40g
- 黒糖 … 40g
- 塩（ゲランドの塩）… 8g

インスタントドライイースト（サフ・金）… 4g
豆乳（成分無調整・常温）… 250g
浄水（23℃）… 250g
バター … 90g
揚げ油（菜種油）… 適量

DAY 1　ミキシング・一次発酵

営業日は少量ずつ20回転ほど仕込む。作業効率を上げるため、粉類はあらかじめ1回分ずつ計量しておく。

1 Aは前日に計量して袋詰めしておく。

粉類を先に入れ、液体類は後から加える。

2 ホームベーカリーの釜にAを入れ、豆乳と浄水を加える。インスタントドライイーストは専用の投入口に入れる（自動投入機能つきの機種を使用）。

3 釜をホームベーカリーにセットし、パン生地コースを選択してスタートボタンを押す。

ホームベーカリーは運転したままにして、バターを加える。

4 開始5分ほどたったらフタを開けて生地の様子を確認する。生地がひとまとまりになっていたら、バターを加える。

5 運転開始から約1時間後、一次発酵を終えた生地ができあがる。こね上げ温度は25℃。

分割・丸め

> 釜を逆さにして生地が自重で落ちるのを待つ。

1 生地をホームベーカリーから天板に取り出す。

2 約60gに分割する。

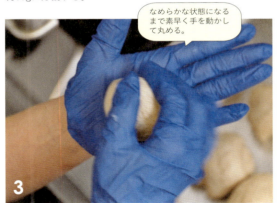

> なめらかな状態になるまで素早く手を動かして丸める。

3 分割した生地をてのひらにのせ、反対の手でくるくると回して丸める。

ベンチタイム

1 アルミのばんじゅうにクッキングペーパーを敷き、丸めた生地を並べ、フタをして常温（21℃）で15分ベンチタイムをとる。

2 ベンチタイム後。ふっくらとしてひとまわり大きくなっている。

成形

1 生地を台に移し、手で直径8cmにつぶす。

> HUGSY DOUGHNUTでは、セルクルの代わりに「食卓塩」（塩事業センター）のフタを使用。大きさがちょうどいい。

2 直径3cmのセルクルで穴を開ける。

二次発酵・乾燥

写真は撮影のためにフタをはずした状態。湯が沸いたら火はいったん止めておく。

アルミのばんじゅうに網を敷き、成形した生地を並べる。ばんじゅうを重ねてフタをして、湯を沸かした大鍋の上にのせて30分ほどかけて発酵させる。

発酵が進みすぎていたらばんじゅうをずらして温度を下げるか、鍋から外して棚に差しておく。逆に進みが遅い場合には、火をつけて湯を沸かす。

ときどき生地の状態を確認し、温度を調整する。

生地がひとまわり大きくなり、ふっくらとしてきたら発酵終了。生地温度は27℃。ばんじゅうのフタを外して棚に差し、表面がべたつかなくなるまで3〜5分ほど乾燥させる。

揚げ

フライヤー(菜種油・170℃)に生地を入れ、1分30秒揚げて菜箸で上下を返す。

反対側も1分30秒揚げる。網で油をきり、常温で冷ます。

HUGSY DOUGHNUT

Dragon

TOKYO
SEISEKI-SAKURAGAOKA

抹茶のショートブレッドとチョコレートアイシングでドラゴンを表現。かわいらしくてユーモラスなデザインで、一度見たら忘れられない。開店当初から人気のシグネチャーアイテムのひとつ。たっぷりと使った抹茶の香ばしい風味がむっちりとした生地とよく合う。

HUGSY DOUGHNUTの
ドラゴン

INGREDIENTS
抹茶のショートブレッド（50〜55個分）
A
- バター … 180g
- 粉糖 … 125g
- 抹茶パウダー（製菓用）… 15g
- 塩（ゲランドの塩）… 2g

牛乳 … 45g
薄力粉（「スーパーバイオレット」日清製粉）… 450g

抹茶アイシング（12個分）
- ホワイトチョコレート … 125g
- 抹茶パウダー（同上）… 5g

仕上げ
- プレーンドーナツ（P.56-58）
- ピスタチオ（ホール）＊ … ドーナツ1個あたり6〜8粒
  ＊ショートブレッドを焼成する際に同じ天板にのせ、一緒にローストする（抹茶のショートブレッドのつくり方12参照）。

抹茶のショートブレッド

1　ミキサーボウルにAを入れ、ビーターを付けたスタンドミキサーの低速で混ぜる。

2　粉糖がとばなくなったら、中速にして全体が均一な状態になるまで5〜6分ほど混ぜる。

3　中速のまま、牛乳を細くたらして加える。さらに1分ほど中速のまま混ぜる。

4　だいたい全体が混ざったらミキサーをいったん止め、ゴムベラでボウルの側面についた生地をかきとって合わせる。

5　全体がひとまとまりになったら、低速で混ぜながら薄力粉を5〜6回に分けて加える。

6　粉が飛ばなくなったら、ミキサーをいったん止め、4と同様にする。

7　ボウルの側面についていた生地がはがれるようになってきたら混ぜ終わり。

8　台にラップを広げ、その上に生地を取り出して包む。手でおおまかにのばし、めん棒で厚さ1cmの正方形にのばす。冷蔵庫で30分以上冷やし固める。

9 自作したドラゴンの頭の型で生地を抜き、包丁で顔の輪郭を、桜の花の抜き型の端で鼻の膨らみを、竹串で目と鼻の穴を描く。

10 型抜きした生地から小さな三角形を切り出し、ドラゴンのしっぽとする。

11 9と10は、間にラップフィルムを挟んでジップロックコンテナに重ね、冷凍保存しておく。

12 クッキングシートを敷いた天板にドラゴンの頭としっぽを並べ、仕上げで使うピスタチオとともに160℃のオーブンで16分焼く。

抹茶のアイシング

1 ボウルに材料を入れて湯煎にかける。チョコレートが溶けてきたら泡立て器で混ぜる。

仕上げ

1 ドーナツを手に持ち、抹茶アイシングに厚さの半分くらいまで浸してディップし、網の上に並べる。

2 チョコレートが固まる前に抹茶のショートブレッド（頭としっぽ）をドーナツに差し込む。

3 ピスタチオを3〜4粒はホールのまま、残りの3〜4粒は砕きながら散らす。

POINT

左は鼻を描くのに使う桜の花の抜き型。右は市販の型をペンチで曲げて自作したドラゴンの頭の型。生地に差し込む部分は尖らせて、外れにくくしている

ディズニー映画『ふしぎの国のアリス』を観てネーミングを思いついたという。赤と茶のコントラストが美しく華やか。フリーズドライのイチゴの香りと酸味、ミルクチョコレートの甘み、チョコクランチの食感、すべてがあいまって食べ飽きない。

ハートの女王

INGREDIENTS（1個分）
プレーンドーナツ（P.56-58）… 1個
クーベルチュール（ミルク）… 適量
イチゴ（フリーズドライ）… 2個
チョコクランチ（市販）… 適量

1 イチゴは1個は丸のまま使い、もう1個は縦4等分に切る。
2 クーベルチュールを湯煎で溶かす。
3 ドーナツを手に持ち、2に厚さの半分くらいまで浸してディップし、天板に並べる。
4 中央に丸のままのイチゴをのせ、周りに切ったイチゴを飾る。チョコクランチを全体にふる。

HUGSY DOUGHNUT
Maple Bacon
TOKYO SEISEKI-SAKURAGAOKA

今はなきニューヨークの大好きなドーナツ屋「The Doughnut Project」で食べた衝撃のおいしさに刺激を受けて考えた一品。ベーコンは、端はカリカリでほどよくしっとり。アイシングはメープルシロップで風味豊かに。甘じょっぱさがくせになる

メープルベーコン

INGREDIENTS（1個分）
プレーンドーナツ（P.56-58）… 1個
ベーコン … 適量
粉糖 … 適量
メープルシロップ … 適量

1. 天板にクッキングシートを敷き、約1cm幅に切ったベーコンを広げ、180℃のオーブンでローストする。20分たったら全体を混ぜ、その後は10分ごとに混ぜる。ほどよくしっとり感が残り、端がカリカリになるまで計30〜50分ほど焼く。仕込みやすい量は500gほど。焼きすぎるとゴムのような食感になってしまうことがあるので気をつける。
2. 粉糖にメープルシロップを加え混ぜ、ディップしやすいかたさに調整する。
3. 2を湯煎で温める。ドーナツを手に持ち、2に厚さの半分くらいまで浸してディップし、天板に並べる。
4. アイシングが固まる前に、1を全体のバランスを見ながら散らす。

HUGSY DOUGHNUT

Rochet Banana

TOKYO
SEISEKI-SAKURAGAOKA

一番人気のシュガーアイシングドーナツ「ハグジードーナツ」に、表面をカラメリゼしたバナナをどーんと丸ごとのせたイートイン限定メニュー。ほんのりシナモンが香るバナナのとろりとした濃厚さや、カラメルのパリパリとした香ばしさを、むぎゅっとしたボリュームのある生地が受け止める。ほんのり温かな幸せの味。

ロケットバナナ

INGREDIENTS（1個分）

ハグジードーナツ
  プレーンドーナツ（P.56-58）… 1個
  粉糖 … 適量
  牛乳 … 適量

仕上げ
  バナナ … 1/2本
  カソナード … 適量
  シナモンシュガー … 適量

ハグジードーナツ
1 粉糖に牛乳を加え混ぜ、ディップしやすいかたさに調整する。
2 1を湯煎で温める。ドーナツを手に持ち、1に厚みの半分くらいまで浸してディップし、天板に並べてアイシングを乾かす。

仕上げ
1 バナナは縦半分に切り（**a**）、皮をむく。バットに置き、カソナードを両面にまぶす（**b**、**c**）。
2 外側をバーナーであぶり（**d**）、こんがりと香ばしくおいしそうなカラメル状にする。バナナをひっくり返し、断面の側も同様にしてあぶる（**e**）。カラメリゼしたカソナードがはがれないよう、包丁でバナナを持ち上げ（**f**）、ハグジードーナツにのせる。シナモンシュガーをふる（**g**）。

HUGSY DOUGHNUTの店づくり

コンセプトは「あそぼう」
小道の奥の秘密基地

SHOP INFORMATION

東京都多摩市関戸2-18-7
tel. 090-6164-1916
11:00〜18:00
月〜木曜定休・不定休
instagram@hugsydoughnut
hugsycafe.com

オーナー　まつかわ　ひろのりさん
　　　　　まつかわ　ゆみさん

ひろのりさんは1988年広島県生まれ、横浜育ち。東京農業大学栄養科学科を卒業後、飲食店などさまざまな職を経て、25歳でゆみさんと独立。ゆみさんは88年東京都生まれ。管理栄養士。関東学院大学人間環境学部健康栄養学科卒業後、カフェやハンバーガー店などでキッチンとホールを担当。接客、HPやSNS運用、イベント企画などをひろのりさんが、製造をゆみさんが担当する。

　東京郊外のベッドタウン、聖蹟桜ヶ丘の住宅街に幻のドーナツ屋があるらしい。2014年9月の開業後、その店はすぐにネット上で話題になった。立地は駅から徒歩8分。裏路地の奥の民家で週末のみ営業する。運よくたどり着けてもたいてい売り切れ。そんなハードルの高さが知名度を上げたのは、まったくの偶然が重なっただけ、と店主のまつかわひろのりさんとゆみさんは笑いながら語る。

　大学で栄養学を学んだ2人が開業を決めたのは、開店日の8カ月前のことだった。人と人がつながる、自分たちらしくて面白い場所。どんな店をやればそういう場所がつくれるだろうか。そう考えていたある日、ふと見た雑誌に載っていたアメリカのドーナツ屋が2人の気持ちにぴったりとはまった。「あそぼう」をテーマにしたドーナツ屋。コンセプトはすぐに決まった。イラストレーターでもあるひろのりさんがデザイン画を描き、料理と菓子づくりの得意なゆみさんがそれを具現化する。開店当初から人気の、恐竜をかたどった「ドラゴン」（P.59）やバナナをどーんとのせたイートイン限定の「ロケットバナナ」（P.64）など、遊び心あふれるメニューはそうして生まれた。

　物件は居抜きや飲食店可の古民家を中心に探した。現在の物件を初めてみたとき、店がありそうもない場所だけれど、それも含めて面白そうだと思った。はじめの数年は2人とも平日は飲食店で働き、週末のみ営業。満足のいくものは日に20〜30個つくるのが精一杯だった。開業から10年たったいまではイベント時には1,000個を製造することもある。イーストドーナツは40種、オールドファッションは5種ほどのレパートリーがあり、そこから毎日12種を並べる。営業日は朝5時から15時まで、売れ行きを見ながら20回ほど生地を仕込んでは揚げる。家族は4人に増えた。手さぐりでつくり上げた場所は、今日も笑顔と笑い声に満ちてにぎやかだ。

居心地のよい、くつろげる空間

最寄り駅からは徒歩10分弱。路地からも建物が見えないほど奥まった場所にある。小道の奥に立つ看板が目印。靴を脱いで上がる古民家の店内には、テーブル席、ローテーブル、ソファ、ちゃぶ台などさまざまなタイプの席が。のんびりとくつろげる居心地のよい空間で、子連れのお客も多い。本棚には旅と食が大好きな二人の蔵書がぎっしりと並ぶ。

デザインとネーミングに遊び心をぎっしりと詰めて

「ドラゴン」（上左写真・P.59）は自作の型（上右写真）で抜いたショートブレッドをドーナツと組み合わせてつくる。同じタイプのシリーズに、アヒル、ティラノサウルス、トリケラトプスなどがある。ゴリラをかたどったレモン風味のオールドファッション「ゴリラ」（左写真の右下）や「ハートの女王」（同・右上、P.62）など、印象的なネーミングのものも多い。

コンセプトは「あそぼう」。どこまでも自由に

店内では、自主製作したドーナツの本や、テキスタイルデザイナーにドーナツをモチーフにしてデザインしてもらった布地を使ったバッグやエプロン、レザー作家とコラボレーションしたブローチ、人気のドーナツ「ドラゴン」をモチーフにしたソフビなどのオリジナル商品も展示・販売している。また、SNSではドーナツをテーマとした「砂糖天婦羅」というアカウントで自作のアニメ動画を公開。ドーナツで「あそぼう」というコンセプトをさまざまな形で実現している。

取材当日のラインナップ（全13種）

イーストドーナツ11種
・ハートの女王 330円
・さくら 260円
・ココアクッキー 250円
・オレンジ 220円
・ハグジードーナツ 190円
・メープルベーコン 280円
・オレンジピスタチオ 270円
・オレンジココナッツ 270円
・オレンジショコラ 270円
・ドラゴン 350円
・ロケットバナナ 300円

ケーキドーナツ2種
・紅茶ファッション 330円
・ゴリラ 290円

スーパースペシャルドーナッツの生地づくり

Super Special Doughnut

DONUT SHOP

TOKYO
FUTAKO-SHINCHI

ドーナツ好きのパティシエールが考える
最高においしいベニエのカタチ

CHAPTER
1

おいしいクレーム・パティシエールを
もっともおいしく味わわせる生地を

スーパースペシャルドーナッツは、パティシエールの金子さんと黒坂さんが2人で営むデセール専門店「シェルシューズ」から生まれた。「パティシエールである自分たちだからこそつくれる一番おいしいドーナツ」。それが出発点。まず決めたのは、フランスの揚げ菓子であるベニエをモチーフにすること。そして、もっともおいしいと思う材料と製法で日々炊いているクレーム・パティシエールを詰めること。自慢のクレーム・パティシエールは、素材のおいしさが仕上がりのおいしさに直結するとして、那須御養卵、北海道産のバターとコクのある牛乳、と上質な材料を厳選。コーンスターチは使わず、薄力粉のみで「ぷりんとした」かたさに炊き上げている。この存在感のあるクレーム・パティシエールのおいしさを生かす生地をつくることが、まずは指針となった。

米粉にもタピオカ粉にもない
小麦粉ならではむちむち感を

重視したのはむちむち、しっとりとした食感。クレーム・パティシエールに負けない強度を、と小麦粉のうち9割は強力粉を使用し、ミキシング時間を長めにとってグルテン特有のもちもち感を引き出している。はじめは国産強力粉を使っていたが、さらにもっちりさせたいと、保水性の高い「パノヴァッション」（ニップン）に変え、加水率も30％ほど高めた。

また、甘みとしてはハチミツのみを多めに配合。グラニュー糖よりも保水力があるためしっとり感がより高まり、独特のやさしい風味も加わる。そして、卵は不使用。クレーム・パティシエールに使う上質な卵の風味がしっかりしている分、生地には入れないほうがバランスがよいと考えたためだ。油脂はフランス産発酵バターを。国産のバターや発酵バターも試したが、フランス産発酵バターを使ってつくった生地は圧倒的においしかった。「国産のミルキーでやわらかい風味も嫌いではない」（金子さん）が、クリームのおいしさと釣り合いをとるには、ミネラルを感じる、味わいの濃厚なフランス産がぴったりだったのだ。

揚げ油は菜種油。懐かしい味わいや特有のコクがあり、もっともおいしいと感じている。最初に揚げた面のみを二度揚げすることで、冷めてもしぼまず、ふっくらと丸みのあるかわいらしいフォルムを保つ。

スーパースペシャルドーナッツの
ベニエ

DAY 1

ミキシング
キッチンエイド（ドゥフック）
低速約1分 → 中速約5分 →
バター投入 → 中速3〜4分 →
高速約5分

一次発酵
30℃・1時間

分割・成形
45g・丸形

ベンチタイム
室温（21℃）・10分

成形
厚さ1.5cmの円形

二次発酵
30℃・40分

揚げ
菜種油（170℃）
2分 → 天地を返して2分 →
天地を返して10秒

冷ます
室温（21℃）・約20分

仕上げ
グラニュー糖をまぶす

INGREDIENTS（約22個分）
強力粉（「パノヴァッション」ニップン）… 450g/90%
薄力粉（「ドルチェ」江別製粉）… 50g/10%
塩（ゲランドの塩）… 8g/1.6%
セミドライイースト（サフ・金）… 5g/1%
ハチミツ … 80g/16%
水 … 260g/52%
牛乳 … 120g/24%
フランス産発酵バター（イズニー）… 60g/12%
揚げ油（菜種油）… 適量
グラニュー糖 … 適量

DAY 1　ミキシング

1
スタンドミキサーのミキサーボウルに強力粉から牛乳までの材料を入れる。ドゥフックを取り付け、低速で約1分混ぜる。粉が飛ばなくなったら中速にする。

2
記載の分量は少なめなので、ダマができないよう、途中、ボウルを外し、フックを手に持って底から混ぜる。

3
5分ほど回し、生地ののびがよくなってきたら、ミキサーボウルを外し、混ぜ残りがないか底をカードでかいて確認する。混ぜ残りがあれば、均一に混ざるまでさらに回す。

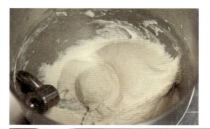

4
写真のようにひとまとまりになり、のびのよい状態になっていたら、バターを加える。

Super Special Doughnut

中速でさらに3〜4分回す。

倍量以上で仕込む場合は、バターが混ぜ残ることはあまりないのでこの作業は必要ない。

途中、ボウルをミキサーから外し、生地をカードで持ち上げてみて、バターのかたまりが残っていたらつぶす。

バターが混ざりきったら高速にし、さらに約5分回す。

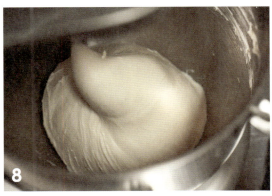

こね上がりは生地の状態で判断。写真のようにつやつやとしてなめらかな状態になったらミキサーから外す。

一次発酵

ラップをかけて、30℃のホイロで1時間発酵させる。写真は発酵後。

指を入れると、やや戻るくらいが発酵終了の目安。

分割

生地を台に取り出し、45gに分割する。

打ち粉をし、両手で同時に1個ずつ生地を丸める。手は大きく円を描くようにして素早く20〜30回ほど動かし、表面がつるっとして張りのある状態にする。

DONUT SHOP

てのひらにのせて両手でさらに丸めてから
ひっくり返し、底がつるっとしていなかっ
たら指先で2〜3回つまんでとじる。

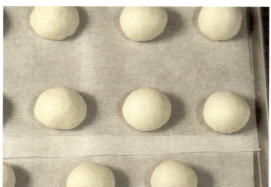

天板にクッキングシートを敷き、間隔をあけて生地を並べ
る。室温（21℃）で10分ベンチタイムをとる。上の写真
はベンチタイム前、下はベンチタイム後。

成形

円筒形の粉糖ふるいで打ち粉をふり、生地にあててつぶし
て厚さ1.5cm弱の円形にする。

二次発酵

30℃のホイロに入れて、40分発酵させる。

発酵後。ふっくらと膨らみ、ひとまわり大きくなる。

揚げ

生地をのせたクッキングペーパーを、2個
分ずつの大きさに切り分ける。

> 水分量の多い生地なのでペーパーごと揚げないとつぶれてしまう。

銅鍋で菜種油を170℃に熱し、1をクッキングペーパーごと入れる。

ペーパーがはがれたらトングで取り除く。

> 寒い時期は特に生地がしぼみやすいが、こうするとしぼみにくくなる。

両面を2分ずつ揚げ、最初に揚げた面を再度10秒ほど揚げる。

網に上げて油をきる。

> 生地がつぶれるのを防ぐため、立てた状態で冷ます。

油がきれたら、網を敷いたバットに立てて並べ、室温（21℃）に20分ほどおいて冷ます。

ボウルにグラニュー糖を入れ、まだちょっと温かいくらいの生地を入れる。ボウルをあおり、生地にグラニュー糖をまぶす。

> 注文が入ったらクリームを詰める。それまでは立てて保存しておく。

網を敷いたバットに立てて並べておく。

Super Special Doughnut

Vanille

**TOKYO
FUTAKO-SHINCHI**

上質な卵を使ってつくるクレーム・パティシエールにバニラとグランマルニエの香りをまとわせて。クレーム・パティシエールは、むちっとした生地に負けないようかために炊いている。クリームのおいしさをシンプルに味わえる一番人気商品。

バニラ

INGREDIENTS（約13個分）
ベニエ（P.70-73）… 約13個
クレーム・パティシエール（仕込み量）
　牛乳 … 500g
　卵黄（那須御養卵・M玉）… 5個
　グラニュー糖 … 100g
　薄力粉（「ドルチェ」江別製粉）… 50g
　バター（北海道産）… 100g
バニラ・パティシエール
　クレーム・パティシエール … 上記より400g
　バニラペースト（ミコヤ香商）… 4g
　グランマルニエ … 8g

クレーム・パティシエール

1. 鍋に牛乳を入れ、たまに混ぜながら沸騰直前まで温める。

2. 牛乳を温めている間に、卵黄にグラニュー糖を加えてすり混ぜる。

3. グラニュー糖が溶けて、ちょっと白っぽくなったら、薄力粉を加え混ぜて素早くすり混ぜる。粉が全体に均一に混ざれば大丈夫。

4. 1の鍋の中に小さい泡が出始めたらいったん火を止める。

> ダマになるのを防ぐため、素早くかき混ぜる。

5. 卵のボウルに牛乳を一気に入れてすり混ぜる。

6. 漉し器で漉す。すでにちょっともったりした状態になっている。

ぐるぐる素早く焦がさないように撹拌しながら火を入れていく。

7

鍋に戻し、強火にかける。鍋を回すようにゆすりながら、ゴムベラで素早くかき混ぜる。

8

鍋の中身がいったんかたくなり、混ぜているとタプタプという音がするようになる。その後、すっとコシが切れてやわらかくなる。そうなったら弱火にして、さらに1分、混ぜながら加熱する。

溶かしバターではなく、あえて固形のまま加えて溶かしながら混ぜることで、よりしっかりと乳化させる。

9

鍋を火から下ろし、バターを加えて素早く混ぜながら溶かす。

10

ラップを落として表面にぴったりと密着させ、氷水に当てて急冷する。

バニラ・パティシエール

急いでいるときは、絞り袋ごと氷水に浸すと早く冷える。

1

クレーム・パティシエールにバニラペーストとグランマルニエを加える。ゴムベラでしっかりとすり混ぜる。絞り袋に詰め、冷蔵庫で冷やしておく。

仕上げ

1

糸口金でベニエに穴を開ける。

2

絞り袋の先を切り、ベニエの穴に差し込み、バニラ・パティシエールを1個につき30g絞り入れる。

Super Special Doughnut

Chocolate

TOKYO
FUTAKO-SHINCHI

ミルクチョコレートのガナッシュをベニエの中にぎっしりと。カカオの香りやしっかりとした苦みはありつつ、ミルクチョコレートならではのやさしい風味とほどよい甘みも感じられる。食べる人を選ばず、満足感の高い味わい。

チョコレート

INGREDIENTS（1個分）
ベニエ（P.70-73）… 1個
ガナッシュ
ミルクのクーベルチュール
　（「823」カレボー）… 適量
生クリーム（乳脂肪分35％）
　… クーベルチュールの半量

1　ボウルにクーベルチュールを入れ、沸騰直前まで温めた生クリームを加える。泡立て器で混ぜてしっかりと乳化させる。絞り袋（口金なし）に詰めて冷やしておく（a）。

2　糸口金でベニエに穴を開け、1の絞り袋の先を切り、ベニエに30g絞り入れる（b）。

Super Special Doughnut

Framboise Pistache

**TOKYO
FUTAKO-SHINCHI**

クレーム・パティシエールにピスタチオペーストを加え混ぜてベニエに詰め、さらに、フランボワーズのコンフィチュールを絞り入れる。ピスタチオの濃厚で上品なナッツの香りを、フランボワーズのくっきりとした酸味が鮮やかに引き立てる。

CHAPTER 1

78

フランボワーズピスターシュ

INGREDIENTS
ベニエ（P.70-73）… 適量
ピスタチオのクリーム（約17個分）
　クレーム・パティシエール（P.75-76）… 400g
　ピスタチオペースト（アグリモンタナ）* … 40g
フランボワーズのコンフィチュール（仕込み量）
　フランボワーズ（冷凍）… 350g
　グラニュー糖 … 175g
　ペクチン … 5g

＊　無糖。ピスタチオのみをペースト状にしたもの。イタリア産。

ピスタチオのクリーム

1　クレーム・パティシエールにピスタチオペーストを加え、ゴムベラでつぶすようにして混ぜる。混ぜすぎるとゆるくなるので、混ぜすぎない。絞り袋（口金なし）に詰めて冷やしておく。

　→ 混ぜ終わりは写真 **a** のように、ピスタチオペーストがところどころマーブル状に残っている状態。急いでいるときは、絞り袋ごと氷水に浸すと早く冷やせる。

フランボワーズのコンフィチュール

1　グラニュー糖のうち、25gを取り置いてペクチンと混ぜる。残りのグラニュー糖とフランボワーズは鍋に入れる（**b**）。
2　1の鍋を中火にかけ、混ぜて軽くつぶしながら煮ていく。フランボワーズと砂糖がどちらも溶けたら、強火にして、つぶし混ぜながらさらにぐつぐつと炊く（**c**）。
3　全体がつぶれたら、グラニュー糖とペクチンを混ぜたものを加え、混ぜながらさらに煮る。

　→ ドーナツに詰めるので、かために炊きたい。そのため、ペクチンで濃度を出している。

4　さらに5〜10分煮て、写真 **d** のようにたらすと丸く盛り上がるくらいかたくなったらできあがり（**e**）。
5　ボウルに移してラップを表面に密着させて覆い（**f**）、常温で冷ます。

仕上げ

1　糸口金でベニエに穴を開け、ピスタチオのクリームを詰めた絞り袋の先を切り、ベニエの中に25g絞り入れる。
2　フランボワーズのコンフィチュールを絞り袋に詰め、先を細めに切る。1のピスタチオのクリームの中に先を差し込み、5g絞り入れる（**g**）。

Super Special Doughnut

コーヒー豆を加えたクレーム・パティシエール入りのベニエを、和栗のクリームとともに皿盛りデザート仕立てに。和栗のやさしい香りと味わいをコーヒーの苦みと香りが引き立て、ミルクのアイスクリームが全体を下支えする。アクセントに渋皮煮やサブレを。

コーヒーのベニエと
和栗のアシェット・デセール

INGREDIENTS
コーヒーのベニエ（約3人分）
　ベニエ（P.70-73）… 3個
　クレーム・パティシエール（P.75-76）… 100g
　コーヒー豆（挽く）*1 … 3g

仕上げ（1人分）
　ハチミツ … 適量
　ヘーゼルナッツペースト … 適量
　和栗ペースト（熊本産）… 適量
　生クリーム（乳脂肪分35%）… 適量
　コーヒーのディアマン（解説省略）… 1/2枚
　ミルクのアイスクリーム（解説省略）… 65g
　栗の渋皮煮（解説省略）… 1個
　アーモンド（スライス）*2 … 適量

*1 「ローストデザインコーヒー」（東京・新百合ヶ丘、登戸）にオーダーしているオリジナルブレンドを使用。バターに合うコーヒーをとお願いした。中深煎りで、油脂の香りを引き立てる味わい。
*2 180℃のオーブンで7〜10分ローストする。

コーヒーのベニエ
1　クレーム・パティシエールにコーヒー豆を加え、ゴムベラで混ぜる。絞り袋（口金なし）に詰めて冷やしておく。
2　糸口金でベニエに穴を開け、**1**の絞り袋の先を切り、30g絞り入れる。

仕上げ
1　ハチミツとヘーゼルナッツペーストを同割で合わせて混ぜておく。
2　和栗ペーストに生クリームを加え混ぜて絞りやすいかたさに調整し、モンブラン口金を付けた絞り袋に詰めて冷やしておく。
3　皿の奥にコーヒーのベニエを置く（**a**）。ベニエの手前に**1**を10gほど塗る（**b**）。上にコーヒーのディアマンを砕いて散らす（**c**）。その上にミルクのアイスクリームを1スクープのせる（**d**）。
4　**2**をベニエとアイスクリームに絞りかける（**e**）。栗の渋皮煮とアーモンドを飾る（**f**）。

DONUT SHOP

Parfait au Beignet

TOKYO
FUTAKO-SHINCHI

ピスタチオペーストを加えたクレーム・パティシエール入りのベニエに、さわやかで香り高いフレッシュのイチゴとイチゴのソルベを合わせてパフェ仕立てに。味わいのアクセントにブルーベリーのコンフィチュールをしのばせた。ベリーとピスタチオの相性のよさを存分に味わえる。

ピスターシュのベニエと苺のパルフェ

INGREDIENTS

ピスタチオのベニエ（1人分）
　ベニエ（P.70-73）… 1個
　ピスタチオのクリーム（P.79）… 30g
ブルーベリーのコンフィチュール
　（仕込み量）
　ブルーベリー（冷凍）… 500g
　上白糖 … 250g
イチゴのソルベ（仕込み量）
　イチゴ*1 … 200g
　イチゴのコンフィチュール*2 … 200g
　グラニュー糖 … 100g
　増粘剤（ヴィドフィックス）… 2.5g

仕上げ（1人分）
　クレーム・パティシエール
　　（P.75-76）… 大さじ1
　イチゴ … 4個
　発酵バターのサブレ（解説省略）
　　… 1/2枚 ＋ 1枚
　練乳 … 適量
　ピスタチオ（砕く）… 適量

*1　小粒のものを選び、ヘタを取り除いた状態で計量する。切らずに丸のまま使う。
*2　イチゴとグラニュー糖を2：1で合わせて鍋に入れ、中火にかける。つぶし混ぜながら煮る。グラニュー糖が全部溶けたら、強火にして炊く。平らなところにたらしてみると盛り上がるかたさになったらできあがり。

ピスタチオのベニエ

1　糸口金でベニエに穴を開け、ピスタチオのクリームを30g絞り入れる。

ブルーベリーのコンフィチュール

1　鍋にブルーベリーと上白糖を入れて中火にかけ、混ぜて軽くつぶしながら煮ていく。上白糖が溶けたら強火にして、つぶし混ぜながらさらにぐつぐつと炊く。

2　たらすと丸く盛り上がるかたさになったらできあがり。ボウルに移してラップフィルムを表面に密着させて覆い、常温で冷ます。

イチゴのソルベ

1　材料をすべてミキサーに入れて、なめらかになるまで回す。アイスクリームマシンにかける。

仕上げ

1　グラスの底にクレーム・パティシエールを絞る（**a**）。イチゴはヘタを取り除き、そのうち1個は縦に4等分してクレーム・パティシエールの周りに置く。3個は取り置く（**b**）。

2　ブルーベリーのコンフィチュールをクレーム・パティシエールの上に適量盛り、発酵バターのサブレ1/2枚を砕いてかける（**c**）。

3　ピスタチオのベニエをのせ、包丁で十字に切り込みを入れ、指で少し開いて穴を開ける（**d**）。

4　取り置いたイチゴ3個はヘタを取り除き、厚さ3mmにスライスする。ベニエの周りに立てて少しずつずらしながら一周飾る（**e**）。
　→　奥が高く、手前の両脇が低くなるように並べると高さのグラデーションが出て美しい。

5　イチゴのソルベを1スクープのせ、練乳をかける（**f**）。ピスタチオを散らし、発酵バターのサブレ1枚を飾る（**g**）。

スーパースペシャルドーナッツの店づくり

気持ちの向くままにつくりだす
一期一会の味わい

SHOP INFORMATION

スーパースペシャルドーナッツ
instagram@super_special_doughnut
※イベント出店スケジュールはInstagram参照

chercheuses（シェルシューズ）
神奈川県川崎市高津区諏訪1-9-23
ポールメゾンⅡ 1F
Tel. なし
11:00〜19:00
不定休
instagram@chercheuses_
chercheuses-cessert.shopinfo.jp

オーナー・パティシエール
金子真利奈さん

1988年、東京・国立生まれ。製菓専門学校在学中にデセール専門のパティシエールを志す。卒業後、フランス料理店や日本料理店、「FOXEY V.I.P. cafe」（東京・銀座、青山）などでデセールを担当。2019年4月に元同僚のパティシエール黒坂奈莉子さんとともに独立開業。

　むっちりとした生地の中にたっぷりと詰められた濃厚なクレーム・パティシエール。一度食べたら忘れられない味わいのクリームドーナツをつくりだしたのは、二子新地のデセール・コース専門店「シェルシューズ」を営む2人のパティシエールだ。新型コロナウイルスのパンデミックにより、同店はテイクアウト商品の販売に舵を切らざるを得なくなった。そこで2人は、店名の「研究者・求道者」を意味するフランス語の通り、そのときどきにつくってみたいと思う菓子の製法を気持ちの動くままに追求しては、店に並べた。そのうちの1つがドーナツだった。

　初めて店にドーナツを並べた日、つくったのはクレーム・パティシエールとフランボワーズのコンフィチュールのベニエ2種。50個ほど用意し、Instagramのストーリーズにアップしたところ、あっという間に完売した。そこで、次からは「ドーナツの日」と銘打って事前に告知。400個を用意して店を開けると、すでに長い行列ができていた。

　それ以降、月に1回のペースで定期開催した「ドーナツの日」には毎回行列が。クレーム・パティシエールを詰めた定番のバニラ以外は、毎回ちがうフレーバーを用意。同じものは2度とださなかった。前日に仕込んでオーバーナイト製法でつくった分は昼すぎには売り切れ、当日の朝、ストレート製法で仕込んで夕方に揚げ足すことがほとんど。お客の要望に応え、2021年5月には東京・森下にドーナツ専門店を出店した。ドーナツというアイテムの親しみやすさを強調したくて、店名は「スーパースペシャルドーナッツ」と誰もが知る言葉だけを使った。見つけた物件は、3年後の取り壊しが決まっていたため、営業は初めから3年限定とした。実店舗営業は2024年5月で終了したが、ブランドは残してイベント出店を主に行う予定。シェルシューズでの「ドーナツの日」は、毎週土日限定で6月末から復活。2人のドーナツ研究は続く。

同じフレーバーは二度と出さない
何度でも来店したくなるラインナップづくり

初めてドーナツを販売したのが2020年6月。それから半年たたないうちにドーナツ専門店の開業を決意。2021年5月に森下に実店舗を開店した。その間、月1で行う「ドーナツの日」は、定番の「バニラ（P.74-76）」以外はすべてちがうフレーバーとし、同じフレーバーは二度と出さなかった。開業時にはバリエーションは25種ほどあり、その中から特に人気があった6種（取材当日のラインナップ参照）を定番とし、加えて季節がわりで3〜5種を提供していた。ときにはパフェや皿盛りデセールスタイルのものも。今後はイベントのテーマや出店場所に合わせて、より自由にメニュー展開を考えていく予定。

フランス菓子職人の本領発揮
ドーナツのためのクレーム・パティシエール

持ち歩きの時間が長い場合も想定し、クレーム・パティシエールにはかなり多めのバターを配合。保形性を高め、水気がうつって生地が湿ってしまわないようにしている。クリームドーナツは、生菓子と違って生地とクリームのみというシンプルな構成。そのため、全体のバランスを考えてクレーム・パティシエールの味わいを控えめに抑える、といった調整が不要。むしろ、クリームの濃厚さやおいしさをストレートに追い求めてルセットを組み上げた。

母体はデセール・コース専門店

森下店閉店後のドーナツの製造は「シェルシューズ」の厨房で行う。同店は現在、テイクアウト店とイートインのできる喫茶スペースの2店が隣り合っており、喫茶スペースではデセール・コースを年4回（春夏秋冬）提供。コースは5皿構成でドリンクペアリング約3種がついて8,800円〜。テイクアウト店では、焼き菓子約40種、コンフィチュール約5種、生菓子約10種ほどを常備。ラインナップや商品構成は常に変化しており、1度しか店に並ばないものも。そのときどきにもっとも愛をもって追求できる菓子をつくる一期一会スタイル。

取材当日のラインナップ（全9種）

定番クリームドーナツ5種
・バニラ 500円
・紅茶 500円
・コーヒー 500円
・フランボワーズピスターシュ 650円
・キャラメルナッツ 600円
・チョコレート 550円

シーズナルメニュー4種
・苺マスカルポーネ 680円
・抹茶ホワイトチョコクリーム 620円
・桜酒かすミルク 620円
・あんバター 550円

DONUT SHOP

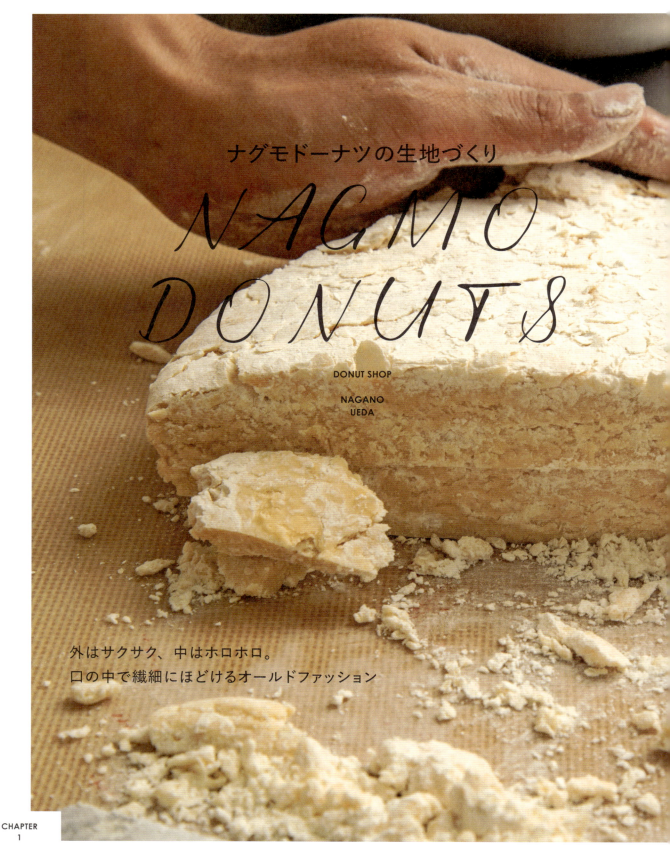

ナグモドーナツの生地づくり

NAGMO DONUTS

DONUT SHOP

NAGANO
UEDA

外はサクサク、中はホロホロ。
口の中で繊細にほどけるオールドファッション

CHAPTER 1

繊細な食感を長持ちさせるために

家族や友人に何度も試食してもらっては改善を重ね、生地を少量ずつ仕込んでいったん冷凍し、成形後、揚げてからさらに一晩ねかせるという製法を確立した。生地は1種のみ。完成度を高めてトッピングでバリエーションをつけている。生地づくりで重視したのは、サクサク、ホロホロとした食感とそのおいしさが長持ちすること、そしてトッピングが引き立つこと。そのための材料として、粉はサクサクとした軽い口当たりになる点が気に入った薄力粉、油脂はトッピングの風味が引き立ち、サクサクとした食感がもっとも長持ちするという理由から無味無臭のショートニングを選択。卵液は1個につき低温殺菌牛乳を10ml配合して卵くささを除く。生地が甘くなりすぎないよう、砂糖の量は控え、やさしい甘さが出るきび砂糖を選択した。

機械は使わず、すべて手で。
生地1kg単位でこまめに仕込む

理想の食感にするには、生地の仕込み時に極力こねず、ベタつかない生地にまとめ上げることが重要。ドーナツ9個分となる生地1kg単位ずつを、ていねいに手作業で仕込み、生地の状態が変わらないよう、成形に至るまでこまやかに気を配る。その日の温度や湿度により、生地の質感が微妙に変わるため、乾燥していると感じれば卵液を多めに、ベタつくと感じれば粉を多めにするなど微調整し、ブレのない仕上がりを目指す。

手間暇惜しまず、ていねいに

仕込んだ生地はくずれやすく、すぐには型抜きできないため、一晩以上冷凍する。生地が少しでもくずれると仕上がりの美しさや食感が安定しないだけでなく、揚げ油も汚してしまう。生地をリング状に成形したら、1個ずつ手作業でていねいにカスを取り除き、表面をなめらかにととのえるのも、揚げる前の大事な工程だ。揚げ油は、疲れにくく、きれいに揚がる菜種油を選択。最大5個まで入る鉄鍋を使い、油をゆっくりかき混ぜて170℃をキープしつつ、表面が揚げ固まるまでドーナツには極力さわらない。色づきが早かったとしても、粉気が残る食感にならないよう、表5分、裏4分の揚げ時間を守る。揚げた後は一晩寝かせることで生地が落ち着き、サクサク、ホロホロとした歯切れのよい食感のドーナツとなる。

NAGMO DONUTSの
オールドファッション

DAY 1

生地の仕込み
材料を混ぜる → 厚さ約1.5cm強・約20cm×約15cmの長方形 → 冷凍12時間以上

DAY 2

解凍
冷蔵庫（2〜4℃）・3〜4時間

成形
リング状

揚げ
オーガニックショートニング（170℃）
5分 → 天地を返して4分
室温（20℃）で冷ます

トッピング
アイシング・チョコレート等を
ディップ・トッピング

寝かせる
冷蔵庫（2〜4℃）・一晩

DAY 3

販売
キャラメルやチョコレート不使用のものは常温に戻す

INGREDIENTS（9個分）

薄力粉（「スーパーバイオレット」日清製粉）… 630g
ベーキングパウダー … 12g
オーガニックショートニング
（ダーボン・オーガニック・ジャパン）… 120g
きび砂糖（日新製糖）… 140g
塩（ゲランドの塩）… 2g
卵液*1 … 190g
揚げ油（菜種油）… 適量

*1 全卵（L玉）3個に対し、低温殺菌牛乳30mlを加え混ぜたものから190g取り分けて使う。卵も牛乳も使う直前まで冷やしておき、まず卵を溶きほぐし、牛乳を加えて泡立て器でよく混ぜる。

DAY 1　生地の仕込み

> ショートニングは常温。生地の仕込み方は油脂が多いスコーンやパウンドケーキに近いが、揚げたときにくずれないようしっかりとまとめる。

> 生地の仕込みは少量ずつ状態を確認しながら手作業で行うことで、均一な仕上がりを目指している。

1 ボウルにショートニング、きび砂糖、塩を入れ、ゴムベラで全体がなじむまでねり混ぜる。

2 ゴムベラを泡立て器に持ち替えてすり混ぜる。全体がまんべんなく混ざると、かためのポマード状になる。

NAGMO DONUTS

写真は1回目の卵液を加え混ぜているところ。卵液を入れた後は、力ずくで乳化させるイメージですり混ぜる。ショートニングの油脂と卵液の水分が分離しやすいが、最初の1〜2回まではしっかり混ぜれば乳化する。

3

2に卵液を約1/4量ずつ加え、そのつど泡立て器ですり混ぜる。

4

1回目の卵液がしっかりと混ざったら、2回目の約1/4量を加え、しっかりと力を込めてすり混ぜる。はじめは混ざりにくいが、じきに乳化してなじむ。

生地が分離しても、この後に小麦粉と混ぜる段階で調整するので気にしなくてよい。

5

3回目の卵液を加え、同様にすり混ぜる。このあたりから乳化しにくくなり、生地が粒状に分離するが、構わず全体がなじむまですり混ぜる。

写真は卵液を全て混ぜ終えたところ。とろりとした中に分離した粒が混ざった状態に。分離していても構わずに全体がなじむまですり混ぜる。

6

4回目も同様にすり混ぜる。

7

6に分量の薄力粉のうち大スプーン約4杯分をふるい入れる。

写真は混ぜ終わり。少量の薄力粉と混ぜると、油脂と粉がなじんで分離した粒が自然と小さくなってくる。

8

泡立て器で、生地と粉が均一な状態になるまですり混ぜる。

完全にまとまり、つやのあるなめらかなクリーム状の生地に。この後、残りの薄力粉を入れた後は極力練らずにまとめていく。

9

7〜8と同様に、薄力粉を大スプーン約4杯分加え混ぜる。写真は混ぜ終えた生地。

10

残りの薄力粉とベーキングパウダーをざっと混ぜ、9にふるい入れる。ゴムベラで切るように混ぜ合わせる（できる限り練らない）。

スケッパーで壁をつくりながら寄せて、生地をまとめていく。粉を混ぜた後は、極力手数を少なくするよう意識する。

11

全体にまんべんなく混ざったら、クッキングシートの中央に移す。スケッパーで周りに広がった生地を中央に向けて寄せ、てのひらで上面を軽く押さえながらまとめていく。

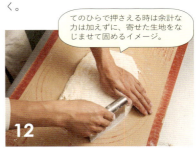

てのひらで押さえる時は余計な力は加えずに、寄せた生地をなじませて固めるイメージ。

12

11の作業を繰り返し、厚さ約2cmの楕円形にまとめていく。

ポロポロとくずれやすいので、ていねいに生地を持ち上げて重ねる。この後、生地をカットしては重ねてまとめながらのばすことを5回繰り返す。

13

縦半分にカットし、断面をそろえて重ねる（カット1回目）。

自然と断面側は厚めに、反対の端は薄めになる。余計なストレスがかかると生地が固くなるので、のばす作業は常にてのひらで軽く押さえるように行う。

14

11と同様に、周囲に散らばった生地や粉をスケッパーで寄せながら、てのひらで軽く押さえて、表面を固める。

DONUT SHOP

薄い端の生地を切り取って重ねることで、全体の厚みを均一にする。

15
同じ向きのまま、薄い端の生地を半分弱にカットする（カット2回目）。切り口の断面をそろえて重ねる。11と同様に、スケッパーで生地を寄せながら、てのひらで軽く押さえて、断面が厚さ約2cmくらいになるまで表面を固めながらのばす。

生地はだいぶまとまってきたが、まだポロポロとくずれやすい。この間も、こぼれ落ちた生地をスケッパーで寄せながらてのひらで固める作業をくり返す。

16
縦長になった生地を横半分にカットし（カット3回目）、断面をそろえて重ねる。11と同様にして表面を固めながら厚さ約3cmにのばす。

表面はきれいでも、裏面は薄力粉が残っていたり、ヒビ割れていることが多い。そのままだと生地がくずれやすく、揚げ油が汚れてしまうので、生地の両面がきれいになるように、ときどき天地を返して確認しながらまとめる作業をくり返す。

17
クッキングシートごと裏返し、生地の天地を返す。粉がつきすぎている部分は、スケッパーで薄くはがし取り、裏返して貼り付ける。11と同様にして厚さ2cmにのばす。

18
縦半分にカット（カット4回目）し、切り口の断面をそろえて重ねる。11と同様にして厚さ2～3cmになるまで表面を固めながらのばす。

カット5回目で重ねるまでに、粉が目立つ部分は極力なくなるようにする。

19
17と同様の作業を、さらに3回くり返す。

20
横長に置いた生地を縦半分にカットし（カット5回目）、断面をそろえて重ねる。11と同様にして横20cm×縦10cm×厚さ2cm弱くらいにのばす。

このサイズの生地1枚でドーナツ6個を型抜きできる。ラップは1枚を横に、もう1枚を縦に広げるなどして、生地に空気がふれないように完全に包み込む。シワができないように生地に密着させ折り目もきれいにたたむ。

21
ラップの上に移して包む。

NAGMO DONUTS

生地は必ず冷凍する。油脂の配合が多いため、冷蔵では生地がだれて、うまく抜けない。

22

ラップの端が重なっている面を下にして置き、てのひらでラップと生地の間の空気を抜くようにして軽くのばし、表面をなめらかな状態にととのえる（厚さ1.5cm強に）。一晩以上冷凍保存する

DAY 2 解凍・成形

ガラスコップの位置がずれないように注意する。

油脂の配合が多く作業中に生地がダレてくっつきやすいため、シリコン加工のクッキングシートの上で作業する。また、くっつきを防ぐために打ち粉は必須。ただし、ごく少量、薄くぬり広げる。余分な粉は揚げ油のいたみを早める。

1

生地は冷蔵庫に移して3〜4時間解凍する。クッキングシートにごく薄く薄力粉（分量外）をぬり広げる。

生地は型抜きができる固さに解凍すればよく、しすぎるとダレる。気温が高い時は、解凍時間を短くし、なるべく素早く作業する。また、生地の状態が変化しやすいため半分ずつ作業をすすめる。

2

解凍した生地を1の上に横にして置く。スケッパーで縦半分にカットして、1枚はラップで包んで冷蔵庫に入れておく。

麺棒を直接あてると生地の表面が粗くなるので、ラップの上から麺棒をあてる。

4

ガラスコップ（口径9cm）の口に薄力粉（分量外）をすりつける。生地の上にガラスコップを置き、両手で力を込めて垂直に押し込み、グリグリと回す。同様にして全3個分抜く。

取り除いた生地は、後でまとめなおして型抜きする。

5

余分な生地を取り除く。抜いた生地の表面についた生地の破片や粒を取り払い、てのひらで軽く押さえてなめらかにととのえる。取り除いた生地はラップで包んで冷蔵庫に入れておく。

丸型は梅の抜き型の上下を返して使用する。抜いた生地は後でまとめて揚げて「mini donuts」として販売する。

6

直径6.8cmのドーナツ型で押さえて、表面に浅く線を入れる。直径2.5cmの丸型で生地の中央を抜く。

表面に粉や生地の破片が残っていたり、形がくずれやすいと、揚げ油のゴミになるので、表面をなめらかな状態にととのえておく。

7

生地の形がくずれないように、1個ずつクッキングシートからゆっくりとはがす。生地を両手でまわしながら表面に残った粉や生地の破片や粒を取り払い、全面を軽くこするようにして表面をなめらかにととのえる。

8

成形を終えた生地はクッキングペーパーを敷いたバットに並べてラップをかけずに冷蔵庫におき、揚げる前に少し表面を乾かしておく。残りの生地も同様にして型抜きし、乾かす。

3

生地にラップをのせ、麺棒で表面をなめらかにととのえながら軽くのばす。生地を裏返し、同様にして軽くのばす。これをさらに1〜2回繰り返して約1.5cmの厚さにする。

> 極力練らないようにして成形する。

9

5で取り置いた余分の生地を冷蔵庫から出して重ね、生地の向きを変えながら、側面にスケッパーを押し当てて、四角形になるようにととのえる。

> ここで出る余分の生地は、仕上がりの食感が変わってしまうので販売用には使わない。見本用の生地などに用いている。

10

生地の上にラップを広げ、麺棒で厚さ約1.5cmにのばす。ラップをはずす。4〜8と同様に型抜きして表面をなめらかにととのえる。

揚げ

1

> 180℃になると焦げはじめるので、温度が上がってきたら火を弱めて調整する。一度に入れる生地は4〜5個。油に入れた生地はいったん沈み、すぐに浮いてくる。くっつかないようにトングで位置を変える以外は、表面が揚げ固まるまでは生地には極力さわらない。さわると、ボロボロとくずれてしまう。

鉄鍋に菜種油を半分ほど入れ、火にかけて170℃に熱する。ドーナツ型で線をつけた面を下にして生地を入れる。

2

> 鍋の中央がもっとも温度が高くなるので、生地が色づき始めたら、ときどきトングで持ち上げて揚げ色をチェック。濃い色のものは鍋の中央から遠ざけるようにする。

生地が揚げ固まって色づいてきたら、トングでゆっくりまわすように動かして位置を変え、火のあたりを均一にする。

3

> きれいな油で最初に揚げた生地はキツネ色になるのがやや遅いが、5分たったら返す。

揚げ始めから5分たち、線をつけたところが割れて開き、表面がこんがりとしたキツネ色になったら天地を返す。

4

> 揚げたてはくずれやすいため、やさしく扱う。

2と同様にして4分揚げる。全体がこんがりとしたキツネ色になったらトングで静かに引き上げ、ゆっくりと上下させて油をきる。

> くずれやすく繊細な生地なので、網の上で油をきると表面がくずれたり網の形がついてしまったりする。

5

キッチンペーパーを敷いたバットに並べ、キッチンペーパーに油を吸わせて油をきる。冷めるまで室温に置く。表面に油が浮いてきたら、適宜キッチンペーパーでそっと吸い取る。

6

ドーナツの穴の部分の生地は、最後にまとめて揚げる（170℃で2〜3分）。

寝かせる

生地が冷めたらトッピングを行う（クリーム類のトッピングは一晩寝かせた後）。保存容器に入れて冷蔵庫で一晩寝かせる。

DAY 3　販売

チョコレートやキャラメルをかけたものはクーラーボックスで保管し、それ以外は常温に戻してから販売する。

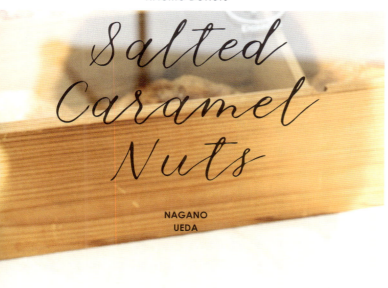

NAGMO DONUTS
Salted Caramel Nuts
NAGANO UEDA

キャラメルは甘さを控え、塩気とほろ苦さをきかせた大人の味わい。キャラメリゼしたカリカリのナッツがよく合う。ナッツはクルミ、アーモンド、カシューナッツを用い、味わいと食感豊かに。

塩キャラメルナッツ

INGREDIENTS（30個分）
オールドファッション・直径9cm
　（P.88-92）… 適量
キャラメルクリーム
　グラニュー糖 … 200g
　水 … 40g
　生クリーム（乳脂肪分35％）… 200g
　塩（ゲランドの塩）… 3g
ナッツのキャラメリゼ
　ミックスナッツ*1 … 400g
　グラニュー糖 … 160g
　水 … 40g
　バター … 15g
　塩（同上）… 7g

*1　クルミ、アーモンド、カシューナッツをミックスしたもの

キャラメルクリーム
1 鍋にグラニュー糖と水を入れて火にかけ、キャラメル色になるまで煮詰める。
2 生クリームと塩を合わせて電子レンジで約1分温める。
3 1を火から下ろし、温かいうちに2を3回くらいに分けて加え混ぜる。

ナッツのキャラメリゼ
1 ミックスナッツを厚手のビニール袋（ジップロック使用）に入れ、麺棒でたたいて粗く砕く。
2 鍋にグラニュー糖と水を入れて火にかける。細かな泡が立ち、色づいてきたら1を加える。
3 鍋をゆすりながら、キャラメル色になるまで煮詰める。火を止める。バターと塩を加え、かき混ぜる。
4 バットに3を広げて常温で冷ます。冷めて固まったら、手で砕く。

仕上げ
1 オールドファッションの割れている面に、キャラメルクリームをスプーン2～3杯分かける。
2 ナッツのキャラメリゼをふる。

NAGMO DONUTS

Tiramisu Cream

NAGANO
UEDA

エスプレッソをしみ込ませたドーナツに、マスカルポーネとクリームチーズ入りのさっぱりしたホイップクリームとカカオパウダーをたっぷりと。カフェ出店時の限定メニュー。

ティラミスクリーム

INGREDIENTS（10個分）
オールドファッション・直径8cm（P.88-92）*1 … 10個
ティラミス用クリーム
A
　クリームチーズ（「リュクス」北海道乳業）… 40g
　マスカルポーネチーズ（生乳100%）… 40g
　グラニュー糖 … 20g
B
　生クリーム（乳脂肪分35%）… 100g
　グラニュー糖 … 20g
仕上げ
　エスプレッソ*2 … 適量
　ココアパウダー（カカオ分100%・無糖）… 適量

*1 このドーナツはトッピングでボリュームがでるので、通常よりやや小さい直径8cmの型で生地を抜いている。
*2 カフェに出店するときは、出店先のマシンで抽出したエスプレッソを使う。カフェオレベース（無糖）で代用可。

ティラミス用クリーム

1　ボウルにAの材料を入れ、ゴムベラで混ぜてなじませておく（a）。
2　別のボウルにBの材料を入れ、氷水にあてながらハンドミキサーで撹拌して7分立てにする（b）。
3　1に2を少量加え（c）、ハンドミキサーで撹拌する。
　　→ 1と2が混ざりやすいよう、1に2を少量混ぜて固さを近づけてから、全体を混ぜ合わせる。
4　2を再びハンドミキサーで撹拌し、8分立てにする。
　　→ 少し固めに泡立てて3の固さに近づける。
5　4のボウルに3を加え（c）、ボウルを氷水にあてながらハンドミキサーで角が立つまで撹拌する（d）。
　　→ 絞り袋に入れて、きれいに絞り出せる固さになればOK。絞り出すまで時間があく時は冷蔵庫で保管し、絞る前に撹拌し直す。

仕上げ

1　オールドファッションの割れている面に、エスプレッソを小さじ3〜4杯分かける（e）。
2　星口金（10切・5番）をつけた絞り袋にティラミス用クリームを詰め、生地の上面に沿ってくるりと絞り出す（f）。さらに重ねてもう一周絞り出す。
3　ココアパウダーを茶漉しでたっぷりとふる（g）。

NAGMO DONUTS
Matcha Lemon
NAGANO
UEDA

生地にレモン果汁をしみ込ませ、抹茶風味のホワイトチョコレートをたっぷりと。仕上げにはレモンピールを。抹茶の風味、ホワイトチョコレートの甘さ、柑橘の酸味と香りがさわやかに調和する。

抹茶レモン

INGREDIENTS（15個分）
オールドファッション・直径9cm
（P.88-92）… 15個

抹茶ホワイトチョコレート
　ホワイトチョコレート … 210g
　太白ゴマ油 … 7g
　抹茶パウダー（製菓用）… 11g

仕上げ
　レモン果汁 … 適量
　レモンの皮のすりおろし … 適量

抹茶ホワイトチョコレート
1　ホワイトチョコレートを湯煎で溶かし、太白ゴマ油を加え、ゴムベラで混ぜ合わせる。
2　1に抹茶パウダーをふるい入れる。ゴムベラで混ぜ合わせる。

仕上げ
1　オールドファッションの割れている面にレモン果汁を刷毛でぬる。その上に抹茶ホワイトチョコレートを小さじ3〜4杯分かける。室温において表面を乾かす。
2　1が完全に乾いたら、レモンの皮のすりおろしを散らす。

White Chocolate Earl Grey

NAGANO
UEDA

アールグレイの茶葉をホワイトチョコレートに混ぜ込み、仕上げにもふって、華やかな香りをしっかりと楽しませる。風味と食感のアクセントとして、甘酸っぱく色鮮やかなクランベリーを。

ホワイトチョコアールグレイ

INGREDIENTS（15個分）
オールドファッション・直径9㎝
　（P.88-92）… 15個
アールグレイのホワイトチョコレート
　ホワイトチョコレート … 210g
　太白ゴマ油 … 7g
　アールグレイの茶葉 … 3〜4g
仕上げ
　ドライクランベリー（細かくきざむ）
　　… 適量

アールグレイのホワイトチョコレート

1　ホワイトチョコレートを湯煎で溶かし、太白ゴマ油を加え、ゴムベラで混ぜ合わせる。

2　アールグレイの茶葉をミルミキサーで粉末にして茶漉しで漉す。茶漉しに残った大きめの粉末3〜4gを1に加え混ぜる。漉した細かな粉末は仕上げに使う。

仕上げ

1　オールドファッションの割れている面に、アールグレイのホワイトチョコレートを小さじ3〜4杯分かける。

2　1が乾ききらないうちにアールグレイの細かな粉末（上記で漉したもの）を全面にふる。ドライクランベリーものせる。

NAGMO DONUTSの店づくり

ひとつひとつ丁寧につくる
繊細な食感のオールドファション

SHOP INFORMATION

長野県上田市常磐城3-7-37
tel. なし
instagram@nagmo_donuts
＊営業時間、店休日はInstagram参照

オーナー　南雲紀幸さん
1995年長野県生まれ。アパレル業界で3ヵ月ほど働いた後、地元の上田市に戻り、工場に勤務。趣味の菓子づくりが高じ、当時地元にはなかったドーナツ専門店の開業を目指して退職。レシピを独学で追求しながらワンオペで営業可能な事業スタイルを研究。2021年9月、週末のイベント出店と不定期の委託販売を行うオールドファッション専門店「NAGMO DONUTS」を開業。

　長野県上田市を拠点にイベント出店をしているNAGMO DONUTSはオールドファッション専門店。2021年10月のオープン以来、長野県を中心に手づくり市や雑貨店、映画館やカフェのイベントなどで日替わり6〜7種類のドーナツを販売している。サクサク、ホロホロとした独特の食感は他では味わえないと評判を呼び、早々に完売するのが常。

　オーナーの南雲紀幸さんは「持ち帰ってからがおいしくて、翌日までおいしさが変わらないドーナツ」を目指し、オールドファッションに絞って生地づくりを追求。1人での製造・販売を前提に商品や店づくりを検討し、生地を冷凍し、成形・揚げ・トッピング仕上げ後、さらに一晩寝かす製法に行き着いた。完成度を高めたこのプレーン生地に、トッピングをほどこす形でバリエーション展開を考案。実店舗をもたずにレンタルキッチンで製造し、イベントなどで販売する営業スタイルでの開業を果たした。

　開業当初は「メープルシロップ」「シナモン」「キャラメルナッツ」など6種類でスタート。季節ごとに新たなトッピングをラインナップに追加していき、現在ではレパートリーは約20種となった。販売アイテムは季節や当日の気候を考慮して決めるので、必然的に夏場はシンプルなトッピングとなり、秋冬は抹茶やベリーなど彩り豊かなチョコがけの商品が増える。販売個数はイベントの規模にもよるが1日150〜200個くらいで、最高記録は430個。基本は1人で無理なくつくれるペースを守りたいという。

　現在は、週末を中心に月7〜8回のペースでイベントに出店しており、昔から付き合いのあるカフェなどからの委託注文も受けている。最近では東京や長崎など県外への出店も経験。出店予定は2〜3ヵ月先まで決まっている。2024年夏には実店舗を構える予定で、通販での販売も構想中。近い将来、全国にナグモドーナツを届けたいと、システムや配送方法を検討中だ。

NAGMO DONUTS

自然素材の什器で
温もりあふれる売り場を設営

イベント出店の際には、地元の作家にオーダーした木製の看板と陳列用のショーケース、売り場や荷物置き用のテーブル2台とベンチ、テントなどをイベント会場に運び入れ、テーブルには草木染め作家にオーダーしたリネンのクロスをかけて売り場を設営。季節の生花を一輪挿しに飾り、お客を迎える。ロゴデザインは、南雲さんがドーナツを運ぶ姿をイメージして、イラストレーターに依頼した。取材当日は、友人が営む輸入雑貨店「LAVALI（ラバリ）」（長野県東御市）の移転オープンイベントに出店。南雲さんは4人兄弟の末っ子で、この日は姉の西澤絵梨さんがお手伝い。NAGMO DONUTSを通じて家族の会話が増え、皆が応援してくれているという。

サクサク、ホロホロの生地は
販売当日から2日間が食べごろ

「ドーナツは買った時の気持ちがピークで、食べる時には生地がパサついていたりベタついていたりと残念な感じになることが多い。食べた時の気持ちが買った時と同じくらいうれしくなるような、時間がたってもサクサクのドーナツを目指しました」と話す南雲さん。行き着いたのが、今のレシピのオールドファッションだ。ベーシックなレシピをもとに研究を重ね、油脂はサクサク感がもっとも持続する有機ショートニングを選択。極力こねずに生地をまとめて一晩以上冷凍し、出店日の前日に成形、揚げ、仕上げのトッピングを行い、さらに一晩ねかせて完成。トッピングの味がなじんだ生地は独特のホロホロ、サクサクの食感となり、翌日までおいしさが持続する。

前日までに仕上げる工程で
1人での営業が可能に

もともとお菓子づくりが好きで、ドーナツづくりも独学で習得した南雲さん。業務用機材の使用経験はなく、まずは慣れた方法で取り組みたいとすべて手作業で製造。仕込みはドーナツ9個分の生地シート（約1kg）を1枚あたり40～50分かけて、必要枚数分仕込み、一晩以上冷凍。時間はかかるが、出店日に合わせた製造スケジュールが組みやすい。さらに出店前日に成形、揚げ、仕上げのトッピングまで行って一晩ねかせる必要がある分、出店日当日は販売に集中できるため、ワンオペでの製造・販売が実現できている。

取材当日のラインナップ（全7種）

オールドファッション7種
・塩キャラメルナッツ 380円
・ホワイトチョココナッツ 380円
・レモングレーズ 330円
・メープルグレーズ 330円
・シナモン 300円
・黒ゴマきなこ 300円
・mini donuts 270円

ホーカスポーカスのバリエーションづくり

HOCUS
POCUS

DONUT SHOP

**TOKYO
NAGATACHO**

美しいデザインと繊細な味わい。
スチームとベイクで追求するドーナツの可能性

CHAPTER 1

シンプルなケーキ生地を
スチームとベイクで展開

　HOCUSPOCUSでは常時約15〜20種類のドーナツを店頭に並べる。そのうち8割が定番商品で、残り2割が季節替わりの商品。バリエーションは全部でなんと100種以上におよぶ。生地のベースはほぼ共通で、小麦粉、ベーキングパウダー、砂糖、アーモンドパウダー、卵、バターが主な材料だ。フレーバーによって、アーモンドパウダー、卵、バターの配合率を調整。バリエーションを展開しやすいよう、基本の配合は粉のおいしさがストレートに味わえるシンプルなケーキ生地としている。これに、スパイス、ピール、リキュール、ナッツといったさまざまな素材を加えて、スチームドーナツとベイクドーナツにアレンジする。

「誰のためのドーナツなのか？」

　新しいドーナツを考案する際に大切にしているのは、味と食感に立体的な奥行きをだすこと。また、デザイン性も重視。大切な人に贈りたいと思ってもらえるドーナツであるかを必ず意識してレシピを組み立てていくという。その際、道しるべとなるのが、「誰のためのドーナツなのか？」ということ。たとえば、「チャイ」（P.108）のレシピをつくり上げる際に想定したお客のキャラクターは「20代。ロングヘア。ワンピースが好き。いつも笑顔の女性。趣味はカフェ巡り。スイーツはお友だちとシェアしながら、3つ食べる」。このように、年代、性別、ファッション、趣味、行動、性格、大切にしていること、口癖など、細かく具体的なキャラクターを設定し、その人にふさわしい味わい、食感、デザインであるかどうかと考えて、味の調整やデザインのトライアルを繰り返すという。

スタッフ全員でつくりあげていく

　同店にはシェフはいない。新商品のアイデアはスタッフの誰がいつ出してもよい。試作のための材料発注も随時各自の判断で行う。試作のタイミングも店の状況をみて各々で決める。試作品は全員で試食し、意見を出し合いながらブラッシュアップしていく。最終的なGOサインをだすのが店長の藤原弥生さんだ。トップダウンではないがゆえに、スタッフ全員の個性が影響しあい自然と新しいものが生まれていく。その流れを大事にすることが、多様な品ぞろえにつながっている。

HOCUSPOCUS

Crepe Chunk

TOKYO
NAGATACHO

粉と卵のおいしさがしっかりと感じられるやさしい味わいの生地。表面にはカリカリのクレープ生地をたっぷりと。シンプルで飽きのこない永遠の定番。オープン直後は焼きたてが食べられる。

HOCUSPOCUSの
クレープチャンク

DAY 1

ミキシング
スタンドミキサー（ビーター）
低速約5分 → 油脂投入 →
低速約2分

休ませる
室温（20℃）・30分

焼成
64g → 165℃・18分 → 冷ます

INGREDIENTS（約10個分）

プレーンドーナツ生地
A*1
　強力粉 … 87.5g
　薄力粉 … 37.5g
　ベーキングパウダー*2 … 5g
　グラニュー糖 … 120g
アーモンドパウダー … 50g
全卵 … 160g
バター … 150g
フィアンティーヌ*3 … 50g

*1　合わせてふるっておく。
*2　アルミニウムフリーのもの。
*3　薄く焼いたクレープ生地を乾燥させて砕いたもの。市販品を使用。

DAY 1　ミキシング

1　ビーターを取り付けたスタンドミキサーにAを入れ、アーモンドパウダーと全卵も加える。低速で約5分混ぜ合わせる。

2　その間、バターを800Wの電子レンジに約1分30秒かけて溶かしておく（生地に混ぜるときに45〜50℃になるとよい）。

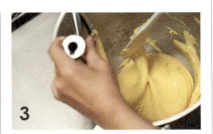

3　ボウルをミキサーから外し、混ぜ残りがないかゴムベラでボウルの底をかいて確認する。

4　混ぜ残りがなければボウルをミキサーに戻し、低速で回しながら溶かしバターを細くたらして加える。加え終わったら、さらに約2分混ぜる。

休ませる

1　ツヤが出てもったりとしてきたら混ぜ終わり。ボウルにラップをかけて室温（20℃）で30分休ませる。

焼成

1　型に離型油（分量外）をスプレーし、フィアンティーヌを5gずつ入れる。

2 型をゆすって、フィアンティーヌを型の中にまんべんなく広げる。

3 休ませておいた生地をゴムベラで軽く混ぜ合わせて均一な状態にし、絞り袋に移す。

4 **2**の型に64gずつ絞り入れ、表面をパレットナイフでならす。

5 165℃に予熱したスチームコンベクションオーブン（ホットエアーモード）に入れ、18分焼く。

6 オーブンから取り出し、穴開き天板の上で型を逆さにして外す。

保存・販売

1 棚に天板を差して冷ます。他のドーナツは生地を冷凍保存するが、生地そのもののおいしさを味わわせるクレープチャンクのみ、毎朝焼いて提供する。

HOCUSPOCUS

Polenta

TOKYO
NAGATACHO

しっとりとして満足感の高いグルテンフリーのベイクドーナツ。ポレンタ粉と米粉を主に使う。卵のおいしさがダイレクトに感じられる生地のやさしい味わいを生かすため、あえてシンプルな構成に。ポレンタ粉のカリカリとした食感も楽しい。

ポレンタ

INGREDIENTS（約9個分）
バター*1 … 200g
きび砂糖 … 180g
全卵 … 140g
ポレンタ粉 … 88g
A *2
　米粉 … 80g
　アーモンドパウダー … 220g
　ベーキングパウダー*3 … 4g
　塩 … ひとつまみ

*1 室温にもどしておく。
*2 合わせてふるっておく。
*3 アルミニウムフリーのもの。

1. ミキサーボウルにバターときび砂糖を入れ、ビーターを取り付けたスタンドミキサーの低速（10段階の1）で約1分30秒混ぜる。中速にして白っぽくなるまで約1分混ぜる。
2. 全卵を加え、低速（同上）で約30秒混ぜる。
3. ポレンタ粉とAを加え、空気を含ませないよう低速（10段階の2）で約1分混ぜる。
4. 生地を絞り袋に詰める。型に離型油（分量外）をスプレーし、生地を80gずつ絞り入れる。パレットナイフで表面をならす。
5. 165℃に予熱したスチームコンベクションオーブン（コンビモード）で17分焼成する。
6. 焼き上がったら型に入れたまま冷まし、粗熱が取れたら型から外す（温かいうちは生地がやわらかいため、型から外すとくずれてしまう）。冷めたものは冷凍保存可能。冷凍保存したものは常温で解凍し、165℃のスチームコンベクションオーブン（コンビモード）で2分リベイクする。

DONUT SHOP

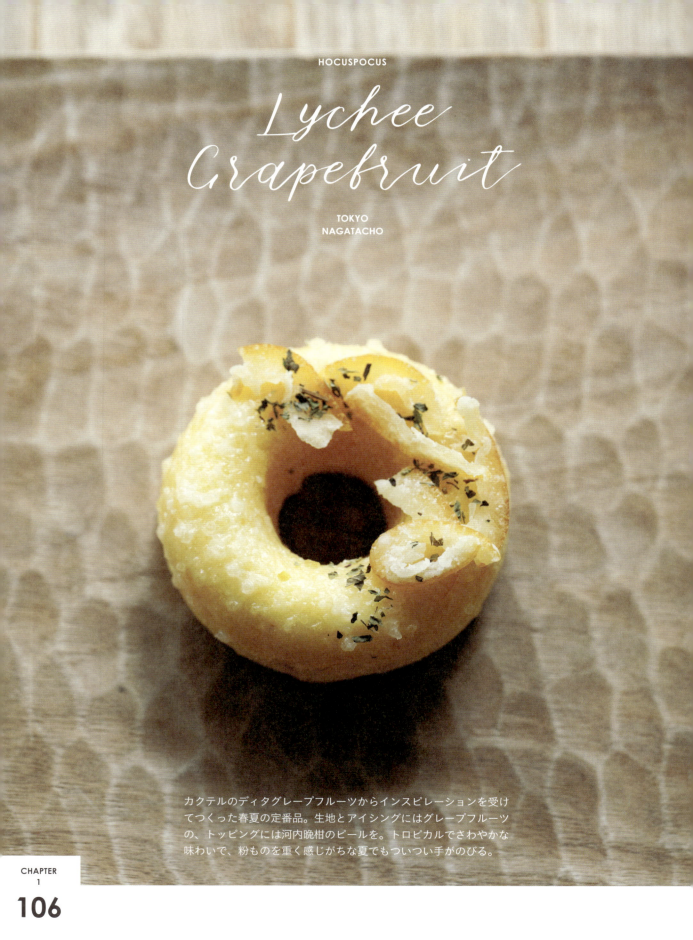

HOCUSPOCUS

Lychee Grapefruit

TOKYO
NAGATACHO

カクテルのディタグレープフルーツからインスピレーションを受けてつくった春夏の定番品。生地とアイシングにはグレープフルーツの、トッピングには河内晩柑のピールを。トロピカルでさわやかな味わいで、粉ものを重く感じがちな夏でもついつい手がのびる。

CHAPTER 1

ライチグレープフルーツ

INGREDIENTS（約10個分）

生地
プレーンドーナツ生地
A
- 強力粉 … 87.5g
- 薄力粉 … 37.5g
- ベーキングパウダー*1 … 5g
- グラニュー糖 … 120g

アーモンドパウダー … 25g
バター … 125g
全卵 … 150g
ディタ … 20g
グレープフルーツピール（うめはら）… 125g

アイシング
ディタ … 40g
浄水 … 20g
グレープフルーツピール（同左）… 40g
粉糖 … 200g

仕上げ
河内晩柑ピール（進藤重晴商店）… 約30g
ドライミント … 適量

*1 アルミニウムフリーのもの。

生地

1. 「クレープチャンク（P.102-104）」と同様にしてプレーンドーナツ生地をつくり、休ませる。
2. ビーターを取り付けたスタンドミキサーにミキサーボウルを戻し、低速で混ぜながらディタを細くたらして加える。ディタが全体に行き渡るまでさらに約1分混ぜる。
3. グレープフルーツピールを加え、全体に行き渡るよう低速でさらに約30秒混ぜ合わせる。
4. 生地を絞り袋に詰める。型に離型油（分量外）をスプレーし、生地を68gずつ絞り入れる。パレットナイフで表面をならす。
5. 110℃に予熱したスチームコンベクションオーブン（スチームモード）で17分蒸す。蒸し上がったら、穴開き天板の上で型を逆さにして外す。棚に天板を差して冷ます。冷めたものは冷凍保存する。冷凍保存したものは常温で解凍し、仕上げを行う。

アイシング

1. 鍋にディタと浄水を入れて火にかけ、アルコールをとばす。
2. フードプロセッサーに1、グレープフルーツピール、粉糖を入れ、ピールが細かくなるまで回す。

仕上げ

1. 生地を持って型側をアイシングに浸し、アイシングをきって網に移す。河内晩柑ピールをドーナツの上面の半分くらいに1個あたり約3gのせ、ドライミントをひとつまみふる。

HOCUSPOCUS
Chai
TOKYO
NAGATACHO

スパイスと紅茶が上品に香るスチームドーナツ。しっとりとした生地には、カルダモンとシナモン主体の甘い香りに加えて、香ばしく食感のよい黒ゴマも混ぜ込み、より立体的な味わいに。はらりとあしらわれたココナッツの美しさやしゃりっとした食感も印象的。

チャイ

INGREDIENTS（約10個分）

生地
- プレーンドーナツ生地
  - **A** *1
    - 強力粉 … 87.5g
    - 薄力粉 … 37.5g
    - ベーキングパウダー*2 … 5g
    - グラニュー糖 … 120g
  - アーモンドパウダー … 50g
  - 全卵 … 150g
  - バター … 150g
  - チャイパウダー*3 … 6g
  - 黒ゴマ*4 … 10g

チャイチョコレート
- ホワイトチョコレート … 100g
- チャイパウダー*3 … 2g

仕上げ
- 有機ココナッツチップス（アリサン）*5 … 適量

*1 合わせてふるっておく。
*2 アルミニウムフリーのもの。
*3 アッサム茶葉58g、カルダモンホール20g、シナモンスティック14g、クローブホール3g、ジンジャーパウダー3g、ブラックペッパーホール3gを合わせてミルミキサーで挽く。
*4 使う前にオーブンで軽くローストして香りを立たせる。
*5 160℃のオーブンで2〜3分ローストする。

生地

1. 「クレープチャンク（P.102-104）」と同様にしてプレーンドーナツ生地をつくり、休ませる。

2. ビーターを取り付けたスタンドミキサーにミキサーボウルを戻し、チャイパウダーと黒ゴマを加え、全体に行き渡るまで低速で約30秒混ぜる。ボウルをミキサーから外し、混ぜ残りがないかゴムベラでボウルの底をかいて確認する。混ぜ残りがあればゴムベラかミキサーで混ぜて均一な状態にする。

3. 生地を絞り袋に詰める。型に離型油（分量外）をスプレーし、生地を62gずつ絞り入れる。パレットナイフで表面をならす。

4. 110℃に予熱したスチームコンベクションオーブン（スチームモード）で15分蒸す。蒸し上がったら、穴開き天板の上で型を逆さにして外す。棚に天板を差して冷ます。冷めたものは冷凍保存可能。冷凍保存したものは常温で解凍し、仕上げを行う。

チャイチョコレート

1. ホワイトチョコレートは200Wの電子レンジに1分かけてはゴムベラで混ぜることをくりかえして溶かす。40〜45℃になったら、チャイパウダーを加えてハンドミキサーかゴムベラで混ぜる。

仕上げ

1. 生地を持って型側をチャイチョコレートに浸し、余分なチョコレートをきって網に移す。チョコレートが乾かないうちにココナッツチップスをドーナツ上面の半分くらいにのせる。

HOCUSPOCUS

Kinako Lavender

TOKYO
NAGATACHO

生地に、きな粉、ラベンダー、松の実を加え、ミルクのジュレときな粉をトッピング。華やかな香りのラベンダーと香ばしいきな粉が意外なほどに好相性。むちっとしたミルクのジュレが両者をよりやわらかくつなぎ、滋味深い松の実が静かにコクを深める。

きな粉ラベンダー

INGREDIENTS

生地
　プレーンドーナツ生地（約10個分）
　　A
　　　強力粉 … 87.5g
　　　薄力粉 … 37.5g
　　　ベーキングパウダー*1 … 5g
　　　グラニュー糖 … 120g
　　アーモンドパウダー … 50g
　　全卵 … 150g
　　バター … 150g
　　きな粉 … 10g
　　ラベンダー（乾燥）*2 … 1g
　　松の実*3 … 14g

仕上げ（約15個分）
　B
　　牛乳 … 250g
　　浄水 … 150g
　　きび砂糖 … 100g
　アガー … 40g
　きな粉 … 適量

*1　アルミニウムフリーのもの。
*2　ミルミキサーで挽いて粉末にする。
*3　160℃のオーブンで約3〜5分ローストする。

生地

1　「クレープチャンク（P.102-104）」と同様にしてプレーンドーナツ生地をつくり、休ませる。
2　ビーターを取り付けたスタンドミキサーにミキサーボウルを戻し、きな粉、ラベンダー、松の実を順に加え、全体に行き渡るまで低速で約30秒混ぜる。ボウルをミキサーから外し、混ぜ残りがないかゴムベラでボウルの底をかいて確認する。
3　生地を絞り袋に詰める。型に離型油（分量外）をスプレーし、生地を62gずつ絞り入れる。パレットナイフで表面をならす。
4　110℃に予熱したスチームコンベクションオーブン（スチームモード）で15分蒸す。蒸し上がったら、穴開き天板の上で型を逆さにして外す。棚に天板を差して冷ます。冷めたものは冷凍保存する。冷凍保存したものは常温で解凍し、仕上げを行う。

仕上げ

1　ミルクのジュレをつくる。鍋にBを入れて中火にかける。鍋肌に小さな泡が立ってきたら火を止め、アガーを加えて泡立て器で混ぜる。
2　火から下ろして漉し（a）、ゴムベラで混ぜてなめらかな状態になっているか確認する（b）。
3　2が温かいうちに、生地を持って型側を浸し（c）、余分をきって網に移す（d）。すべてディップしたら、初めにディップしたものから順に再度ディップする。これをさらにもう1回繰り返して厚みをもたせる（e）。
4　きな粉を茶漉しで3にふるいかけ（f）、常温に置いてミルクのジュレをかためる。

きな粉は「京碾ききな粉 紫（都製粉所）」を使用。一般的なきな粉よりも深煎りで香ばしい。

HOCUSPOCUSの店づくり

贈る人の思いを形にする。
そのためのデザイン、味、空間

東京メトロ永田町駅から徒歩2分。大通りの向こう側は政治の町だが、HOCUSPOCUSがあるのは、昔ながらのお屋敷町である番町へとつながる古いオフィス街の一画。趣きのあるレトロビルの1階に位置する。天井の高い広々とした空間にはたっぷりと陽光が注ぎ、グレーのシンプルでモダンなカウンターの上には、いずれもデザインの美しいドーナツが15〜20種類並ぶ。イートインスペースの壁には床から天井までの棚に、さまざまな観葉植物が配置され、全面ガラス張りの窓からは、イングリッシュガーデンを思わせる植栽をのぞむ。平日は近隣の勤め人が、つかのまのコーヒーブレイクをじっくりと愉しむ姿が見られる。

オープンは2017年4月。個性的な物件を専門に扱う不動産コーディネーター、服飾やグラフィックのデザイナー、欧州食材のインポーター、焙煎も手がけるコーヒーショップのオーナーなど多彩なメンバーが20人ほど集まって店を立ち上げた。業態をドーナツ専門店としたのは、「贈りものとしてのドーナツ」というマーケットが、当時はまだ空白地帯だったため。手軽に持ち運べて、食べるのにカトラリーが不要。贈る側も受け取る側もストレスフリーで老若男女に愛される。その魅力に着眼した。店名の「ホーカスポーカス」は英語圏ではおなじみの魔法の呪文。贈りものをするとき、相手を思うその気持ちにこそ魔法の力が宿る、との考えから名づけられたという。

また、永田町という立地から、男性が1人でも立ち寄りやすいよう、甘すぎない店づくりも意識。狙いは当たり、コーヒーを飲むついでに家族への手土産を求める勤め人がまず訪れるように。贈る人の気持ちに応えるうちに、手土産の大口注文、企業からのノベルティの特注など、フィールドは年々広がり続けている。以前は静かだった土日も、いまでは遠方からのお客で終日満席のことも珍しくない。

SHOP INFORMATION

東京都千代田区平河町2-5-3
tel. 03-6261-6816
平日 11:00〜18:00
土日祝日 12:00〜18:00
無休
instagram@hocuspocus_donuts
hocuspocus.jp

店長　藤原弥生さん
1976年大阪府生まれ、広島県育ち。服飾専門学校卒業後、アパレル企業に12年間勤務。マネージャーとして10店舗を統括。退職後、「ローズベーカリー」（東京・丸の内）で焼き菓子を、「クチューム」（閉店）でコーヒーを学ぶ。2017年、「HOCUSPOCUS」開店半年後に店長として入店。飲食・物販店のほとんどないオフィス街に立地する同店を、お客の絶えない繁盛店に育て上げる。

全員が自ら考えて動くことで
店の個性が立ち上がってくる

接客にも製造にもマニュアルがないのが同店の特徴。これは店長の藤原さんの方針。コーヒーを淹れるのは研修を受けたスタッフのみだが、それ以外の仕込み、接客、仕上げ、品出しなどに決まった担当はなく、全員が状況を見て必要なタスクを判断して行う。自分が働く場所を自ら居心地のよいものにしていく姿勢が、お客にとって風通しと居心地のよい場所をつくりあげることにつながっている。

目指したのはドーナツ界の「虎屋」。
贈る人の気持ちを決して裏切らない店でありたい

「贈る喜び」を重視。味わいもデザインもオリジナリティを意識している。ベイクドーナツとスチームドーナツを軸にしたのも、贈る人が買ったときと受け取った人が食べるときの状態が同じであるものを提供したかったから。包材にも力を入れており、大理石柄をデザインした紙で箱を巻き、ペーパーファスナーで止めるラッピングは、アジアの優れたパッケージデザインを表彰する「Topaward Asia」を受賞。

閉店間際でも選ぶ楽しみを。
急な大口注文にも応える

HOCUSPOCUSでは日々15〜20種類のフレーバーを店頭に並べる。個人店としてはかなりの品ぞろえだ。また、人気店は閉店間際には売り切れにより種類が限られることが多いが、同店では選ぶ楽しみを提供するため、閉店までは最低でも定番の6種＋αを必ず並べる。さらに、50〜100個ほどの急な大口注文にも常に対応。こうした動きを可能にするため、加熱後の生地を急速冷凍してストックしている。生地の状態を保つため、高性能のショックフリーザーを用い、冷凍保存時には匂い移りに配慮して保存配置を工夫。必要に応じて常温で解凍して仕上げのデコレーションを行うことで、焼きたてのクオリティを維持しつつ、お客の要望に最大限応える。

取材当日のラインナップ（全16種）

ベイクドーナツ6種
・クレープチャンク 390円
・カレンズ 500円
・ポレンタ 450円
・ライム 450円
・バナナチップ 430円
・ベイクピスタチオ 580円

スチームドーナツ10種
・ミント 530円
・緑茶 550円
・チャイ 550円
・いちご 550円
・オレンジ 500円
・アプリコット 550円
・ピスタチオ 580円
・フランボワーズ 550円
・ブルーベリー 580円
・グレープフルーツ 530円

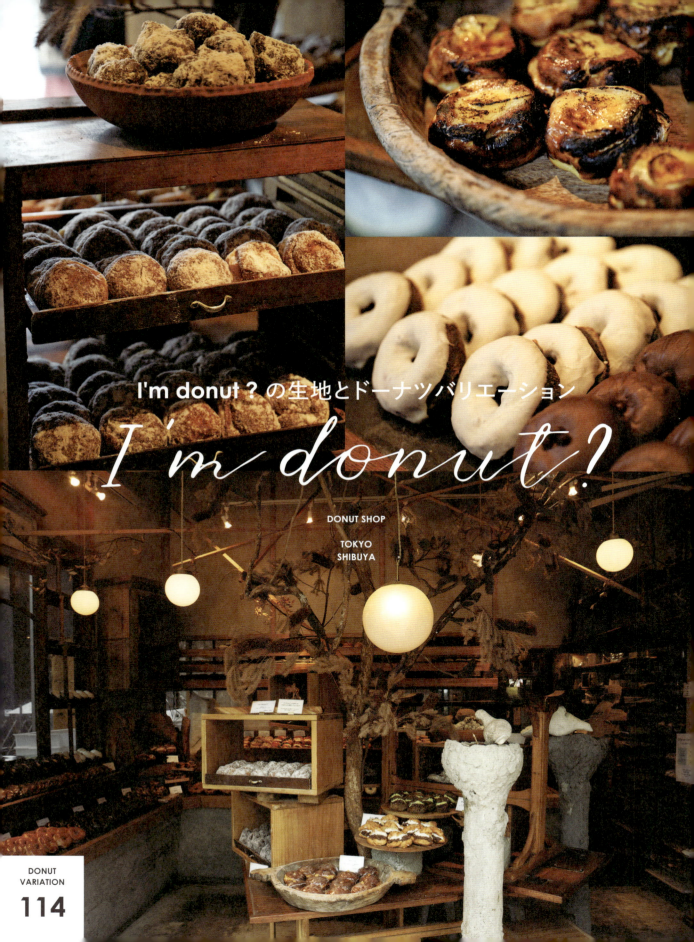

I'm donut ? の生地とドーナツバリエーション

I'm donut?

DONUT SHOP

TOKYO SHIBUYA

I'm donut ? の全ドーナツ生地

ブリオッシュ生地・プレーン

ブリオッシュ生地・チョコ

卵ブリオッシュ生地

フランス生地

2022年3月に1号店が中目黒にオープン。「生ドーナツ」と銘打ったみずみずしく口溶けのよい独特の食感が評判に。連日行列の絶えない大繁盛店となった「I'm donut ?」。中目黒店がラインナップを常時8種（うち1〜2種が季節商品）に絞ったスタンド形式の小型店であるのに対して、2か月後に開店した渋谷店は3坪強の売り場に50〜60種のドーナツが並ぶベーカリ型の店舗だ。運営するのは、福岡と表参道の大人気ベーカリー「アマムダコタン」オーナーシェフである平子良太さん。味わいも食感もさまざまで、ボリュームたっぷりなドーナツの数々。何を買うか迷う時間もまた大きな楽しみのひとつといえよう。印象的なデザインとおいしさ、ラインナップの豊富さに惹かれるリピーターも多く、行列は日に日にのびていくばかり。ドーナツに用いる生地は、なんと全11種。ベーカリーが手がけるドーナツ専門店ならではの展開力だ。ここでは、進化し続ける同店の、取材時点（2024年4月）での全生地とその展開の一部をご紹介する。

菓子生地・プレーン

菓子生地・チョコ

菓子生地・抹茶

スペルト小麦生地

リュスティック生地・プレーン

リュスティック生地・黒ゴマ

リュスティック生地・オリーブ

ブリオッシュ生地 → 9種のドーナツに！

プレーン　　　チョコ

シグネチャーアイテムである「I'm donut？」に用いられている生地。もとになっているのは、「アマムダコタン」のマリトッツォにも使っているブリオッシュ生地。一般的にブリオッシュ生地というと、砂糖やバターを多めに配合したリッチな味わいと、卵白を含むことからくるカサッと乾いた食感が特徴だが、アマムダコタンのものは、ローストしたカボチャをつなぎとして練り込み、ベーカーズパーセント100％を超える高加水で仕込んだ、しっとりとみずみずしく、口溶けのよい独特のブリオッシュ生地だ。この生地のポテンシャルをさらに引き出したいという平子さんの思いから生まれたのが店名を冠した元祖"生ドーナツ"「I'm donut？」だ。

パンはオーブンで乾燥させながら焼成するが、ドーナツは油で揚げて加熱する。I'm donut？ではその違いを踏まえ、揚げたときにおいしさが最大限に発揮されるよう、配合や製法においてさまざまな工夫をほどこしている。たとえば生地中の油脂については、揚げ油の油分が加わることを加味して減量、焼成による乾燥が発生しないことから加水率をやや減らし90％台に抑える、牛乳の水に対しての割合をやや増やし、よりリッチでスイーツ感のある味わいにするといった細かな調整を行っている。また、ドーナツのおいしさのひとつに歯切れのよさがあるとし、ミキシングの速度や時間、こね上げ温度を再考。しっとりとしていながら、ふわっと膨らんでつぶれない揚げあがりを目指して試行錯誤を重ねた。

そして、しゅわっとした口溶けを生んでいる大きなポイントは、高加水の生地を200℃を超える高温で一気に揚げていること。高温で揚げると一気に気泡が立ち上がるため、保形性が悪くなりがちだが、その対策もまた、ミキシング等の製法の調整によって行っている。

生地のフレーバーは、プレーンとチョコの2種。生地のおいしさをストレートに味わわせる「I'm donut？」「I'm donut？ チョコ」の他、中にクリームをたっぷりと絞り入れたクリームドーナツにも展開。右写真のアイテムの他に、オレガノを効かせたオリジナルソーセージを挟んだ「ソーセージ」、クリームドーナツである「カスタード」、「ピスタチオクリーム」、「フランボワーズ」や、期間限定フレーバーのクリームドーナツがある。

I'm donut？

カボチャを練り込んだ高加水生地を高温・短時間で揚げて、みずみずしく口溶けのよい食感に仕上げる。元祖"生ドーナツ"。仕上げにまぶす砂糖は、きび砂糖と粉糖の2種を混ぜて深みのある甘みを出している。

I'm donut？ チョコ

I'm donut？のブリオッシュ生地にカカオパウダーを加え混ぜた生地でつくる。仕上げにまぶすカカオシュガーには定番のカカオに加え、フルーティーな酸味のあるレッドカカオも用いて奥行きのある味わいに。

生フレンチクルーラー

しっとり、むっちりとした食感のフレンチクルーラー。それでいて歯切れのよさもある。ブリオッシュ生地をリング状に成形してから、4ヶ所に切り込みを入れて揚げている。

いちごクリーム

「I'm donut？」の中に、カスタードクリームに泡立てた生クリームを合わせたディプロマットクリームをたっぷりと詰め、上にも中にも香りのよいイチゴを。

and more!

菓子パン生地 → 14種のドーナツに!

プレーン　　チョコ　　抹茶

　甘いフィリングを生かすため、ヨーグルトやハチミツなどを加えることでやわらかさとやさしい風味を出したリーンな生地。他の生地にくらべると若干甘みは強めではあるものの、"菓子パン生地"という名前から連想されるような、甘くてバターや卵黄をたっぷりと使ったタイプではない。

　この生地は、もっとも多くのドーナツに使われており、写真のアイテムの他、レモングレーズをかけてレモンゼストをふったリングドーナツ「レモン」、チョコレート生地にチョコレートのグレーズをかけた「グレーズド チョコ」、ピスタチオの濃厚なグレーズをかけてピスタチオをふった「ピスタチオ」、タヒチ産バニラビーンズをたっぷりと混ぜ込んだホワイトチョコレートをかけ、表面を香ばしく炙った「焼きバニラチョコレート」、メープルシロップのグレーズをかけた上にたっぷりとプロシュートをのせた「メープルプロシュート」、ベニエ形に揚げたチョコレート生地の中に自家製の粒あんをたっぷりと詰めた「チョコレートあんこ」、抹茶生地を同様にしてきな粉シュガーをたっぷりとまぶした「抹茶あんこきな粉」、チョコレート生地を揚げてキャラメルチョコレートをかけ、カラメリゼしたナッツをたっぷりとふった「ザクザクナッツ」がある。

グレーズド

プレーン生地をリング状に成形。薄くかかったシュガーグレーズはパリパリとした食感。弾力のある生地との対比が楽しい。

カカオ

チョコレート生地を揚げてチョコレートをかけたチョコレートづくしの一品。トッピングのカカオニブが食感のアクセント。

ココナッツ

プレーン生地の中にココナッツシュレッドのフィリングをたっぷりと。トロピカルな甘い香りとシャリシャリとした食感が印象的。

トリュフ

生地はプレーンを使用。トリュフの香り高いシュガーグレーズをかけ、炭塩（炭の粉末をブレンドした塩）をトッピングする。

抹茶ホワイトチョコ

抹茶の香り豊かな生地をリング状に揚げ、ホワイトチョコをたっぷりと。抹茶とホワイトチョコの相性のよさを楽しんでもらう仕立て。

アンチョビチーズ

生地はプレーン。チェダーとゴーダ、2種のチーズと自家製ベシャメルソースを合わせ、塩気と旨みのきいたアンチョビをのせて炙る。

明太ドーナツ

揚げたプレーン生地に自家製明太バターをぬり、表面を軽く炙って香ばしく仕上げる。明太フランスをドーナツで表現した一品。

and more!

卵ブリオッシュ生地 → 4種のドーナツに！

名前にブリオッシュとついてはいるものの、「I'm donut ?」に用いるブリオッシュ生地とは全くの別もので、卵を沢山使ったリッチな生地。卵を使う生地は、歯切れはよくなるがパサつきがち。そこで、しっとりとした食感を出すため、さまざまな製パン法を組み合わせて保水性を高める工夫をしている。右記のアイテムのほかに、ベニエ形に揚げた生地の中に、右写真上の「たまご」と同じフィリングに自家製の明太バターを混ぜたものをたっぷりと詰めた「明太たまご」がある。

リュスティック生地 → 6種のドーナツに！

プレーン　　黒ゴマ　　オリーブ

北海道産小麦「キタノカオリ」を100％使用した生地。キタノカオリは、もちもちとした弾力感や小麦らしい風味と香りのある品種。その持ち味を最大限に生かすべく、小麦粉、塩、水、イーストのみでシンプルにつくるリュスティック生地に仕立てた。日本人好みのしっかりとした弾力がありつつ、歯切れも非常によい。甘いフィリングにも惣菜系の展開にも対応可能なニュートラルさが魅力。生地はプレーンの他に、黒ゴマペーストと黒ゴマを練り込みもちもち感とコクを加えた黒ゴマ生地、きざんだグリーンオリーブを練り込んだオリーブ生地がある。右写真のアイテムのほかの展開として、黒ゴマ生地を「キタノカオリ」同様に揚げて粉糖状のきび砂糖をまぶした「黒ごま」、「キタノカオリ」でたっぷりのあんこと練乳クリームを挟んだ「あんこ練乳」、オリーブ生地を「キタノカオリ」同様に揚げてたっぷりの生ハムを挟んだ「オリーブ」がある。

and more!

たまご
ゆるめのスクランブルエッグをマヨネーズで和えたリッチなフィリングをたっぷりと。卵づくしのドーナツ。

フレンチクルーラー
卵ブリオッシュ生地をリング状に成形して揚げることで、歯切れがよくふんわりとした食感に。

フルーツ
クランベリー、マンゴー、パイナップルなどのドライフルーツを、白ワインに漬け込んでから生地に包む。みずみずしくフレッシュなフルーツを思わせる食感とドライフルーツならではの凝縮感とが味わえる。

キタノカオリ
粉のおいしさが味わえるもちもちの生地。クラムの大小ランダムな気泡がつくりだす形もユニーク。

あんこピスタチオ
黒ゴマの食感、自家製粒あんの自然な甘み、練乳バターに加えたピスタチオの濃厚な香りが絶妙なバランス。

and more!

フランス生地 →
5種のドーナツに！

　フランスパンに用いられるタイプのリーンな生地を使用。非常に高加水で歯切れがよいのが特徴。フランスパン向きの生地だけあって、惣菜系のアイテムとの相性は抜群によい。具材をたっぷりと味わえる贅沢でボリューム満点な仕立て、というアマムダコタンの系譜に連なる惣菜ドーナツへの展開が主。写真のドーナツのほかに、自家製のベシャメルソースと明太バターをたっぷりと詰めてオーブンで焼いた「明太グラタン」、温泉玉子とアンチョビ、グリルキャベツをたっぷりと挟んだドーナツサンド「アンチョビ温玉」がある。

I'm burger？

オレガノ香るサルシッチャ、トマト、紫キャベツのマリネなどをたっぷり挟んだドーナツバーガー。

めっちゃアメリカン

グレーズをかけたドーナツに厚切りベーコンと特製チーズソースをサンド。あまじょっぱさがアメリカン。

B.E.T

厚切りベーコン、ケール、トマト、目玉焼きを挟んだ、ドーナツでつくるB.E.Tサンド。

and more!

スペルト生地 →
3種のドーナツに！

　小麦の古代種であるスペルトは、小麦アレルギーが出にくいとして欧米でパンづくりに取り入れられるようになった小麦。I'm donut？ではアメリカで有機栽培されたものを100％使用している。オーガニックなアイテムを求める需要に応えるべく取り組んだ生地。スペルト小麦は一般的な小麦粉よりも吸水しすぎるため、加水率やミキシングなどを変えて食感のバランスをととのえるのに苦労した。ほかにスペルト生地をベニエ形に揚げてホワイトチョコレートをかけ、クランベリーをトッピングした「スペルトホワイト」がある。

スペルト小麦

香ばしくて強い独特の風味と味わいをしっかり楽しんでもらうドーナツ。シュガーグレーズがけ。

and more!

スペルトチョコ

ベニエ形に揚げて、チョコレートとスペルト小麦の香りや風味との相性のよさを存分に味わわせる。

サステナ →
3種のドーナツに！

　手づくりだからこそどうしても出てきてしまう形が不揃いなものや、どんなベーカリーでも発生する余剰の商品に、手を加えることで再生させる、持続していくという意味を込めて平子さんが名付けた「サステナブレッド」＝「再生パン」。このスピリットをI'm donut？でも受け継いでいる。店名を冠した一番人気のブリオッシュ生地のドーナツは製造数が多いため、形が不揃いで店頭には並べられないものもでてくる。それらに新たな付加価値を与えて生まれ変わらせたのが「サステナ」というカテゴリー。下記の他に、自家製のハニーバターをたっぷりと塗ってオーブンでローストした「ハニードーナツ」がある。

オムレツ

「I'm donut？」に切れ込みを入れて、大きなオムレツを挟み、半分にカット。断面の黄色が目にも鮮やか。

ドーナツアマン 焼き芋

しっとりと焼き上げたサツマイモを厚切りにして「I'm donut？」に挟み、グラニュー糖をふって表面をキャラメリゼ。

and more!

I'm donut？平子さんの商品開発

　中目黒店のオープン時には渋谷店のオープンも決まっており、ブランドリリース前に80種類ほどを考案しました。商品開発のアイデアは思い浮かんだときに携帯にメモしています。「この生地を何種類に展開させよう」というような方向でメニューを考えることはなくて、「この素材を主に据えるのであれば（または、この素材の組み合わせには）どの生地が合うだろう」という具合に素材と生地の相性を頭の中で想像して組み上げていきます。こうした商品開発の考案方法は、私のキャリアが料理人としてスタートしたことからきていると思います。仕入れ先で目にした季節の魚、野菜、フルーツなどを頭の中で料理に組み上げ、店に戻ったら手を動かして形にする。それと同じことをベーカリーの厨房で行い、レシピを完成させていくのです。つくりたいものはいくらでも思いつくので、メニューを考えることよりも絞り込むことのほうが大変だったりします。

平子良太さん
1983年長崎県生まれ。イタリア料理店で経験を積み、2012年、「パスタ食堂 ヒラコンシェ」（現在閉店）を開業。18年に自身初となるベーカリー業態「アマムダコタン」（福岡・六本松）を手がけ、その後、22年にはドーナツ専門店「I'm donut？」を、23年にはアマムダコタンのアナザーブランドとなる「ダコー」をオープン。現在、福岡と東京で全10店舗を展開する。

SHOP INFORMATION

東京都渋谷区渋谷2-9-1
instagram@i.m.donut

CHAPER 2

ベーカリーと
パティスリーの
スペシャルドーナツ

ベーカリーに教わる
イーストドーナツのつくり方
KISO の LAND ドーナツ
キソ

KISO
SPECIAL DONUT
AICHI
NAGOYA

近年話題の「生ドーナツ」をはじめ、さまざまなドーナツの開発に携わり、ベーカリー「KISO」を開業したパン職人の加藤さん。現在、店で出す定番ドーナツは「LAND」1種。ここでは、そのスペシャリテの味の組み立て方とつくり方をじっくりと教えていただく。

CHAPTER 2

最初にKISOで提供したドーナツは、バターたっぷり、加水率も高いブリオッシュ生地の「生ドーナツ」。口にするとシュワっと消えるような独特の食感を、ベストのタイミングで味わっていただけるように、イートイン限定商品としてバイオーダーで揚げていました。

ただ、お客さまからは「テイクアウトはできないんですか」というおたずねも多くて、自分自身ももっとたくさんの方にドーナツを楽しんでほしいと考えるようになって生まれたのが「LANDドーナツ」です。僕と同い年の店主が2015年から23年まで京都で営んでいた人気ベーカリー「LAND」の店名から名付けました。レシピはKISOオリジナルですが、100gという大きめのサイズはこの店のドーナツをリスペクトして踏襲したものです。

生地は、「持ち帰って食べてもおいしいドーナツ」を目指して一から自分で組み立てました。

ブリオッシュ生地のような油脂分の多い生地は、油っこくなりやすく、食後感が重くなりがちなので、バターはやや控えめの20％に。ミキシングでグルテンをしっかりつくると、生地の内部に油がしみ込むのを防ぐようで油ぎれがよくなると感じます。また、小麦粉に5倍量の水を加えて葛餅状に炊き上げる「湯ゲル」を加え、しっとり感と保形性を高めているのもポイント。揚げ上がりはふんわりと膨らみ、マシュマロのような一瞬のもっちり感のあと、すぐにツルリと溶けていく――そんな「もっツル」ドーナツになりました。

仕上げにまぶすのは、グラニュー糖です。きび砂糖も試してみましたが、生地のおいしさを味わってもらいたいので、素材の味や風味を損なわずに甘みをプラスできるグラニュー糖にしました。

その後、この生地で食パンも焼くようになりました。それまでは食パンはリーンな配合の1種類のみでしたが、お客さまから「もう少し食べやすい食パンもほしい」とリクエストされていたところだったのです。ほどよい弾力と口溶けのよさ、そしてほんのり甘くミルキーな香りがただよう食パンで、大人にも子どもにも好評です。

オーナーシェフ　加藤耕平さん
1988年愛知県生まれ。大学生時代からパンの製造を経験。卒業後「フール・ドゥ・アッシュ」（現・大阪「パリアッシュ」）、「ザ・シティ・ベーカリー」、「パンストック」（福岡）などに勤務。2021年9月「KISO」を開業。同じくパン職人の妻・美穂さんと店を営む。

おいしさのポイント

小麦粉に5倍量の水を加えて炊いた「湯ゲル」を使用

生地に「湯ゲル」を加えることで、弾力と口溶けのよさをあわせもつ生地に。口にすると、一瞬もちっとした歯ごたえを感じ、その後すぐにツルリと溶けていくマシュマロのような食感。

ふんわり膨らませた大きめのリング型

"パン屋のドーナツ"らしく、ふんわりと膨らんだリング型。100gと大きめサイズのドーナツだから、表面にはグラニュー糖でガツンと甘みをきかせて全体のバランスをとる。

米油で揚げて、さらりと軽い仕上がりに

揚げ油は、香りがよくクセのない米油を使用し、200℃で3分揚げる。米油はカラッと揚がり、時間がたっても油っぽさを感じにくい。

SHOP INFORMATION

KISO
愛知県名古屋市昭和区広見町1-7
桜山SUITE 1F
8:00-17:00
　（毎週木曜は喫茶の日 10:00-17:00）
tel. 052-890-8510
火・水曜定休
instagram@kiso_nagoya

KISOの
LANDドーナツ

DAY 1

湯ゲルを仕込む
67℃まで加熱 → 5℃・一晩

DAY 2

ミキシング
スパイラルミキサー
小麦粉・塩・バターをプレミックス
イースト、氷水、湯ゲル投入 →
低速10分 → 中速10分
中速に切り替え後、バシナージュ
（牛乳＆水）3〜4回
こね上げ温度18℃

フロアタイム
室温（約25℃）・30分

パンチ
2回（パンチ → 30分→パンチ）

一次発酵
室温（約25℃）・1時間

冷蔵発酵
5℃・一晩

DAY 3

分割・丸め　100g

成形①　バゲット形

ベンチタイム
室温（約25℃）・30分

成形②　リング状

最終発酵
厨房内の温かい場所（約30℃）・
1時間

揚げ
米油（180〜200℃）
天地を返しながら3分

冷ます
室温（約25℃）・30分以上

仕上げ　グラニュー糖をまぶす

INGREDIENTS（粉5kg仕込み）　生地総重量1万3540g
＊「ゆめあかり」のみを100としてベーカーズパーセントを算出

強力粉（「愛知県産ゆめあかり」西尾製粉）… 5kg/100%
塩（ベトナム産天日塩「カンホアの塩」）… 100g/2%
きび砂糖 … 900g/18%
無塩バター … 1kg/20%
インスタントドライイースト（サフ・金）… 40g/0.8%
イースト予備発酵用のぬるま湯（40℃）… 250g/5%
氷水*1 … 1750g/35%
湯ゲル*2 … 以下から3kg/60%
　強力粉（「愛知県産ニシノカオリT60」平和製粉）… 900g
　湯（80℃）… 4.5kg
バシナージュ用の牛乳 … 1kg/20%
バシナージュ用の水 … 500g/10%
揚げ油（米油）… 適量
グラニュー糖 … 適量

*1　氷の量は、分量のうち200g弱。気温によっても変わる。
*2　湯ゲルのつくり方→強力粉と湯をボウルに入れ、泡立て器でよく混ぜる。鍋底で生地が固まらないように、時折撹拌しながら加熱し、67℃まで熱する。密閉容器に移し、粗熱をとる。冷蔵庫（5℃）で一晩保存する。

バシナージュとは
ミキシングの後半に、生地がまとまってから、水分を追加で加えること。生地の加水率を上げたいときなどに効果的な手法。

DAY 2　ミキシング

1
インスタントドライイーストとぬるま湯をボウルに入れ、混ぜ合わせる。そのまま室温（約20℃）におく。写真のようにぶくぶくと泡立ってきたら準備OK。

3
低速で10分、中速で10分撹拌する。中速の後半、撹拌しながらバシナージュ用の牛乳と水を3〜4回に分けて加える。牛乳は後から加えることで、ミルキーな風味がしっかり感じられる生地になる。また、生地がダレないようにするため、生地温度が18℃以下を保つよう気温によって氷の量を加減する。写真はバシナージュ直前の生地。

2
強力粉、塩、きび砂糖、無塩バターをミキサーボウルに入れ、低速でバターの塊がなくなるまで混ぜる。1のイーストと氷水、湯ゲルを一度に加える。

4
こね上げ温度は18℃。生地を半分に分けてばんじゅうに移す。室温に30分おく。

パンチ

生地を左右からそれぞれ中央に向けてたたみ、三つ折りにする。手前と奥からそれぞれ中央に向けてたたみ、三つ折りにする。生地の手前を引き延ばしながら持ち上げて奥に向けてたたむ動きを2回繰り返し、表面を張らせる。ここまででパンチ1回。30分後、同じパンチを繰り返す。生地の強度をみて、たたむ回数などは加減する。

一次発酵

写真は2回目のパンチが終わったところ。このまま室温で1時間ほどおき、一次発酵とする。日によって作業する生地の量や気温が変わるので、時間は様子をみて加減する。

冷蔵発酵

一次発酵後、5℃の冷蔵庫に移して一晩おく。表面に打ち粉をし、ばんじゅうを返して作業台の上に移す。

分割・丸め・成形①

生地の強度をととのえるため、左右から生地を三つ折りにする。100gに分割し、表面を張らせて丸める。

生地のとじ目を上にして細長い棒状にし、てのひらでおさえて横長の楕円状にする。バゲット成形の要領で、手前から1/3をたたみ、奥から1/3を折り返したのち、中央が折り目になるように再び奥から手前に折り返す。写真のようにしてとじ目を手の付け根で押さえる。

ベンチタイム

綴じ目を下にしてばんじゅうに並べ、室温に30分ほどおく。写真はベンチタイム後。

成形②

生地をとじ目を上にして作業台に移し、てのひらで軽くおさえて平たくする。手前から1/3をたたみ、奥から1/3を折り返す。

片方の端を軽くおさえてのばし、もう片方の端を巻いてリング状にする。板の上にオーブンシートを敷き、離型油（分量外）をスプレーする。その上に生地を並べる。

最終発酵

オーブンの上などのあたたかい場所におき、1時間ほど発酵させる。写真は発酵後。

揚げ

揚げ鍋に米油を入れて180〜200℃に熱し、ドーナツ生地を入れて揚げる。途中で天地を返しながら、約3分かけて色よく揚げる。網の上に移し、冷ます。

グラニュー糖をまぶす。

ベーカリーに教わる
ケーキドーナツとクロワッサンドーナツのつくり方

Boulangerie Django の
アップルサイダードーナツとデニッシュドーナツ

SPECIAL DONUT

TOKYO
NIHONBASHI

ベーカリーのケーキドーナツといえば、まず名が挙がるといっても過言ではないのが、ブーランジェリー ジャンゴのアップルサイダードーナツ。それに加えて、2024年4月にはレモンのさわやかな香りのデニッシュドーナツが登場。ここではそのスペシャルドーナツ2品のつくり方をじっくりと教えていただく。

アップルサイダードーナツは、圧搾したリンゴジュースを使ってつくるドーナツ。リンゴの一大産地であるアメリカ東海岸の農家の素朴なおやつが発祥です。数年前に、アメリカンダイナーをテーマとしたイベント用にと依頼されて、現地のものを送ってもらっていろいろと食べました。それでわかったのは、100％リンゴジュースが入っていればどういうつくり方でもいいんだろうな、ということ。そこで外はさっくりとして、中はしっとりとしたケーキドーナツにしようと考えました。イベント限定のつもりでしたがあまりにも評判がよく、いまでは定番商品です。

はじめはリンゴをピュレ状にして使っていましたが、通年提供することになったため、自家製リンゴジャムとリンゴジュースを同割で合わせて使うようになりました。リンゴは皮も使い、アメリカらしいおおらかさが感じられる味わいに。また、身近にあるものでつくり始めたのだろう発祥の経緯を考え、国産のリンゴと地粉を使っています。アメリカのレシピをみるとバターミルク（生乳からバターを取り出した残りの液体）を使うものが多いのですが、日本ではあまり流通していないので雰囲気だけでも出せるかとスキムミルクを使ったレシピにしています。

デニッシュドーナツの生地はクロワッサンと同様にしてバターを折り込んでつくりますが、油で揚げるのでより水分量は多くし、折り込むバターはより少なくしています。クロワッサンよりもやわらかく、ドーナツの生地よりはかたいといったあたりです。

折り込み生地は丸く抜いて揚げると層がはがれがち。かといって、層を厚くするとサクサクとした軽やかさが出ない。そこで考えたのが手綱コンニャクを参考にした成形です。中央に入れた切り込みに3つの角をくぐらせることで、発酵・揚げで膨らんだ生地同士がお互いを押さえあい、層がばらけることがありません。

ちなみに、バターの折り込みが終わった生地は、成形前に一度凍らせ、冷蔵庫で解凍してから成形します。水分が多くゆるめの生地なので全体を均一に冷やすのが難しいためです。一見面倒で時間はかかりますが、作業性はよく、生地の状態も安定します。シート状のまま冷凍保存すれば、保存場所もとりません。

どちらのドーナツも成形後に冷凍保存可能。当店ではまとめて仕込んで冷凍し、売れ行きをみながら揚げ足しています。ドーナツ専門店でも通常のオペレーションに支障を与えることなく、生地バリエーションを増やすことができるのでおすすめです。

オーナーシェフ 川本宗一郎さん
1973年東京都生まれ。26歳のときにパン職人の道へ。千葉や東京のベーカリーでの修業を経て、2010年東京・江古田にて、パン職人である妻・奈津子さんとともに「ブーランジェリー ジャンゴ」を開業。19年に現在地に移転。

おいしさのポイント

発祥の地にならい、国産のリンゴと地粉で

リンゴは秋田の農家のものを使用。あれば紅玉を、なければそのときどきに一番おいしいものを送ってもらう。地粉はクロワッサンにも用いている味わい深い北海道産石臼引き粉。

スキムミルクでアメリカ菓子の雰囲気を

アメリカでは、牛乳ではなく脱脂乳であるバターミルクを使うレシピが多い。そこで、配合する乳製品はスキムミルク（脱脂粉乳）をチョイス。現地の味わいをしのばせる。

生地がばらけず、きれいな層が立ち上がる成形

揚げる間にばらけず、仕上がりのフォルムもかわいらしいものになるよう、成形方法を工夫。外側のパリッとしたところと、中の生地のしっとり感の両方が楽しめるのも特長。

SHOP INFORMATION

Boulangerie Django
東京都中央区日本橋浜町3-19-4
tel. 03-5644-8722
8:30〜18:00
la-boulangerie-django.blogspot.com
instagram@b_django

Boulangerie Django の
アップルサイダードーナツ

INGREDIENTS （30個分）

A *1
- 国産中力粉（「本別町の石臼挽き地粉」アグリシステム）… 800g
- ベーキングパウダー … 24g
- スキムミルク … 40g
- 塩 … 6g
- シナモンパウダー … 6g
- オールスパイスパウダー … 5g

B
- バター … 220g
- グラニュー糖 … 160g
- トレハロース … 40g
- 全卵（M玉）*2 … 4個
- 自家製リンゴジャム*3 … 160g
- リンゴジュース（100%）… 160g
- シナモンシュガー*4 … 適量

*1 ミキサーボウルに**A**を入れてゴムベラでざっと混ぜておく。
*2 あらかじめ溶いておく。
*3 リンゴ（あれば紅玉）は全体の2～3割は皮付きのまま、残りは皮をむいてひと口大に切り分ける。リンゴの重量の20%のグラニュー糖とともに鍋に入れて火にかけ、ぐつぐつと煮る。リンゴに透明感が出てきたら、ミキサーなどでピュレ状にし、冷凍保存しておく。
*4 グラニュー糖100gとシナモンパウダー2gを混ぜておく。

1 鍋に**B**を入れて火にかけ、泡立て器で混ぜる。

4 3を2に加え混ぜる。混ざったら、残りのリンゴジュースも加え混ぜる。

2 バターが溶けたら火からおろしてさらに混ぜ、とろっとしてきたら、あらかじめ溶いておいた卵を一気に加え混ぜる。

5 **A**を入れたミキサーボウルに4を加える。ビーターを取り付けたスタンドミキサーの低速で混ぜ、粉気がなくなったら中速にして約2分回す。

3 冷凍庫から出したリンゴジャムにリンゴジュースのうち半量くらいを混ぜておく。

6 ビニールシートで包み、厚さ2cm弱の四角形に手でのばす。冷蔵庫でかたくなるまで冷やす（バターが多くやわらかい生地なので、冷やして型抜きしやすいかたさにする）。

7 厚さ1.2cmのルーラーを使い、生地を麺棒でのばす。

8 直径7.8cm、穴の直径3.8cmのドーナツ型に打ち粉をつけ、型抜きしていく。穴の部分や余分な生地はまとめなおし、厚さ1.2cmにのばして型抜きする。

9 直径6cmのセルクルで生地の厚みの半分くらいまで切り込みを入れる。この状態で冷凍保存する。

10 フライヤーに綿実油（分量外・適量）を180℃に熱し、切り込みを入れた面を上にして凍ったまま入れる。2分40秒たったら天地を返し、さらに2分40秒揚げる。

11 シナモンシュガーをまとわせる。

Boulangerie Django の
デニッシュドーナツ

DAY 1

ミキシング
スタンドミキサー（ビーター）
バター以外の材料を低速約1分半 →
中速約3分 → 高速約5分 →
バター投入 → 低速数十秒 →
中速4〜5分 → 高速4〜5分
こね上げ温度24℃

一次発酵
28℃・湿度78%・1時間

パンチ
1回 → 30cm角

冷凍
一晩

解凍
冷蔵庫（4℃）・1時間

折り込み
3つ折り → 4つ折り

ベンチタイム
冷凍庫・40〜60分

成形・冷凍
5cm×6cmの平行四辺形→
切り込みを入れる →
3つの角を切り込みにくぐらせる
（手綱コンニャクの要領）→ 冷凍

解凍・最終発酵
室温（20℃）・1時間30分〜2時間

揚げ
綿実油（180℃）
1分15秒→天地を返して1分15秒

仕上げ
室温（20℃）・30分 →
グラニュー糖をまぶす

INGREDIENTS（60個分）

生地
- フランスパン用準強力粉（「リスドォル」日清製粉）… 1kg/100%
- 全卵 … 240g/24%
- セミドライイースト（サフ・金）… 12g/1.2%
- 上白糖 … 160g/16%
- 塩 … 15g/1.5%
- 牛乳 … 320g/32%
- レモンの皮 … 2個分
- バター … 160g/16%

折り込み用バター*1 … 400g
揚げ油（綿実油）… 適量
グラニュー糖 … 適量

*1 厚さ1cmにカットしてビニールシートで包み、冷蔵庫でよく冷やしておく。

DAY 1 ミキシング（写真1〜5は分量の半量）

1 レモンの皮はゼスターグレーターで削るか、薄くむいてペティナイフで細切りにする（写真右が削ったもの）。

3 バターを加え、低速で混ぜる。バターがだいたい全体に行き渡ったら中速4〜5分、高速4〜5分ミキシングする。こね上げ温度は24℃。

2 バター以外の材料をミキサーボウルに入れ、ビーターを取り付けたスタンドミキサーで、低速約1分半、中速約3分、高速約5分ミキシングする。ミキシングの途中、ときどきビーターやボウルの側面についた生地をかいてまとめなおす。写真のように、まとまってきてはいるもののまだ表面がややざらついているくらいのタイミングで止める。

一次発酵

1 生地をビニールシートで包み、厚さ2cmくらいの長方形に手でのばす。28℃・湿度78%のドウコンに1時間おいて発酵させる。

パンチ・冷凍

手で押してガス抜きをし、均一な厚さの30cm角程度の四角形に形をととのえ、ビニールシートで包んで冷凍庫に一晩おく。

折り込み

折り込み用バターを麺棒で叩いて30cm角にのばし、折り込めるかたさにする。

1の生地を冷蔵庫に移して1時間ほどおき、折り込めるかたさにする。幅30cm長さ60cmにのばし、半分に切って1を挟んで重ねる。

端まできれいな3層の四角形になるよう、手で生地の形をととのえる。

シーターでのばし、3等分に切って重ねる（3つ折り1回）。

のばして半分に切って重ねることをさらに2回繰り返す（4つ折り1回）。ロスが出ず、かつ、端まできれいな層ができるように生地をととのえながらのばすのがコツ。

ベンチタイム

厚さ1.5～1.6cmにのばし、ビニールシートで包んで冷凍庫で40～60分休ませる。この状態で冷凍保存してもよい。

成形

生地の断面がまっすぐになるように手で押さえてととのえる。写真のようにシーターに対してやや斜めになるように置き、シーターに何回か通して、30cm×60cm、厚さ9mmにのばす（成形の際のロスが少なくなるよう、平行四辺形にのばす）。

幅5cmの平行四辺形にカットしていく（1個約40g）。まず、縦5等分にして幅6cmの長い生地を5本つくる。

3本と2本に重ねた状態で、どちらも3等分する。次にそれぞれを4等分する（12等分になる）。

3を向きを揃えて並べ、生地の中心部にナイフで切り込みを入れる（対角線上に1本）。

切り込みをのばすように軽く引っ張る。

手綱コンニャクの要領で対角線上の片側の角を切り込みにくぐらせる。

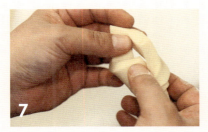

7

左側の角が、**6**でくぐらせた角につられて切り込みに入っていくので、そのまま切り込みに押し込む。

8

7で押し込んだ角を押さえながら、右側の角も切り込みに押し込む。

9

左側と右側の角が互いに押さえあって切り込みから抜けにくくなればよい。

10

天板に並べ、ビニールシートで包んで冷凍し、凍ったら袋に入れて冷凍保存する。

解凍・最終発酵

1

シルパットを敷いた天板に成形した生地を並べる。室温（20℃）に1時間30分〜2時間置き、表面をほどよく乾かしながら解凍・最終発酵させる。

揚げ

1

180℃に熱した綿実油で片面1分15秒ずつ揚げる。バットに立てて油をきる。上下を返して再度しっかり油をきる。

2

生地が冷めたらグラニュー糖を入れた容器に入れ、ふんわりとグラニュー糖をまとわせる。

生地の折り込み

生地の折り込み数を変えると、雰囲気や食感に違いが出る。左が3つ折り×4つ折り、右が3つ折り×3つ折り。折り数が多い方がより層が薄くパリパリとした食感になり、中はしっとりとする。層が少ない方がよりガリっとかたい食べごたえに。

パティスリーに教わる
シュードーナツのつくり方
EN VEDETTE の
(アン　ヴデット)
フレンチクルーラー

EN VEDETTE

SPECIAL DONUT

TOKYO
KIYOSUMI - SHIRAKAWA

シュードーナツは人気のアイテムだが、取り組むドーナツ専門店は少ない。その理由は生地を安定させることの難しさと仕込みの流れへの組み込みにくさにある。シューといえば、フランス菓子。ここでは、アイデアの豊富さに定評のあるパティスリー「アンヴデット」の森シェフに、それらの難点を克服するレシピをご提案いただいた。

フレンチクルーラーはシュー生地を揚げてつくりますがシュークリーム用の配合だと、揚げたときに膨らみすぎて爆発したり、形がぼこぼこになったりしてしまいます。それは、加熱方法によって生地に起こる変化の過程がちがうからです。

　シュークリームは、水分量の多い生地をオーブンでゆっくりと加熱することでまず膨らませ、その後に表面を焼き固めるという順序で加熱が進んでいきます。ところが、「揚げる」という加熱方法をとるフレンチクルーラーは、まず高温の油によって表面が固くなり、その後、生地が膨らみます。また、水分量が多い生地は大きく膨らむため、固くなった表層を突き破ってしまうのです。

　つまり、揚げるためのシュー生地には、膨張に耐えうるかたさが必要となります。かといって、強力粉を使うと、膨らみ、歯切れ、火通りの悪い、重い食感の生地になり、フレンチクルーラーの特徴であるふっくらとしたボリュームがでません。

　そこで、今回ご紹介するレシピでは、薄力粉の割合を増やすことでかたさをもたせました。シュークリーム用の生地は一般的に水分量に対して約6割ほどの薄力粉を使いますが、このフレンチクルーラー用の生地では約8割。粉の配合が多いので生地が締まりやすく、シュークリームの生地のように、炊く際にどこまで水分を飛ばすかの繊細な見極めは不要。生地の状態がとても安定しやすいのが特長です。この生地は、炊く時間は30秒〜1分と非常に短時間ですが、全く炊かないと生地が変に膨らみすぎて形がぼこぼこになるので、炊く作業は省略しないでください。分量はスタンドミキサーでつくりやすい30〜40個分で考案しましたが、1/2〜1/3量でつくっても安定した状態に仕上がります。量を減らす場合は、スタンドミキサーの代わりに泡立て器を使ってください。冷凍保存もできるので、まとめて仕込んでおいて売れ行きをみながら揚げ足すこともでき、オペレーション上も取り入れやすいレシピだと思います。

　生地の配合は、当店のシュークリームの生地をベースにしました。卵の味わいが感じられるやさしい風味に仕上がります。そのまま食べてもおいしく、クリームやチョコレートなど、様々なフレーバーになじみやすく、展開が容易。アレンジするときは、なるべく上質な素材を使い、シンプルに仕立てるのがおすすめです。クリームやコンフィチュールなどを使えば、生菓子のように華やかな展開も可能になります。

オーナーシェフ　森 大祐さん
1978年岐阜県生まれ。東京製菓学校卒業後、「グランドハイアット東京」（東京・六本木）などを経て渡仏。帰国後、「パティスリー・サクラ」（同・豊洲）のシェフを務め、2016年に独立。現在、渋谷スクランブルスクエア、東京ミッドタウン八重洲にも店舗を構える。

おいしさのポイント

安定しやすい配合

シュークリーム用のシュー生地はとろーっとたれるくらいやわらかいが、このフレンチクルーラーの生地はビーターから落ちないくらいかたい。テクニックがなくても安定して美しいフレンチクルーラーがつくれる配合だ。

口金を変えると雰囲気が変わる

口金は8切を使うと筋が太く、カジュアルな雰囲気に（写真右）。10切を使うと上品で繊細な趣きになる（写真左）。

生地は、冷凍保存可能

クッキングペーパーの上に絞った状態で冷凍し、かたくなったらジップ袋に移し密閉して保存。使うときには冷蔵庫で解凍してから揚げる。必ず生地の中心まで解凍された状態で揚げるのがコツ。

SHOP INFORMATION

EN VEDETTE 清澄白河本店
東京都江東区三好2-1-3
10:00〜19:00
tel. 03-5809-9402
火・水曜定休
envedette.jp
instagram@en_vedette_

EN VEDETTE の
フレンチクルーラー

プレーン

アレンジ①
フレンチクルーラーのグラスロワイヤル

グラスロワイヤルはフランス菓子のアイシング。レモン汁を加えて柑橘の香りをつけ、重くなりがちな揚げ菓子を軽やかに感じさせる工夫をほどこしている。グラスロワイヤルにレモンの皮のすりおろしを混ぜ込めば、さらに風味豊かな味わいになる。

アレンジ②
フレンチクルーラー ショコラ・ノワゼット

アーモンドダイス入りのチョコレートをかけたフレンチクルーラーに、クレーム・プラリネノワゼットをたっぷりと挟み、ローストしたスライスアーモンドをあしらって食感とデザインのアクセントに。ナッツとチョコレートで、一気にリッチな味わいになる。

アレンジ③
フレンチクルーラーのサントノーレ

シューとクリームなどを組み合わせるフランス伝統菓子「サントノーレ」仕立てにしたフレンチクルーラー。ベリーのジュレ、クレーム・ディプロマット、イチゴ、クレーム・シャンティイを重ねて華やかに。

アレンジ④
フレンチクルーラーのクリスタリゼ

グラニュー糖を入れたボウルに、揚げたてのフレンチクルーラーを熱いうちに入れてまぶすだけ。生地のおいしさをストレートに味わえる。グラニュー糖にレモンの皮のすりおろしやベリーなどのフリーズドライパウダーを混ぜれば、それだけでさまざまに展開可能。

アレンジ①
フレンチクルーラーのグラスロワイヤル

INGREDIENTS（20〜30個分）

A
- 牛乳 … 300g
- バター … 180g
- 水 … 300g
- 砂糖 … 12g
- 塩 … 6g

薄力粉（「Cブラン」昭和産業）… 480g
卵（L玉）… 12個
揚げ油（米油）… 適量
グラスロワイヤル・オ・シトロン*1
　… 適量

*1 粉糖270g、水50g、レモン汁12gを混ぜる（つくりやすい分量）。

1 鍋にAを入れて火にかけ、沸騰させる。

2 火を止め、ふるった薄力粉を一気に加えてゴムベラですばやく混ぜる。

かなりかたい生地。重いが、しっかりと練る。ダマのないように混ぜ合わせる。

3 粉気がなくなったら中火にかける。火にかける前は写真のように鍋底には生地がついていない状態。

4 ゴムベラで生地をつぶすようにしながら上下を返し、20〜30秒ほどよく混ぜる。

5 写真のように鍋底にうっすらと生地の膜が張るようになったら炊き上がりの目安。火から下ろす。生地はひとまとまりになってツヤのある状態。

6 ビーターを取り付けたスタンドミキサーの低速で**5**の生地を混ぜながら、まず卵を2個加える。卵が生地に混ざりきり、なめらかな状態になったら、次からは1個ずつ加えては混ぜきることを繰り返す。

このひと手間がおいしさにつながる。

7 ボウルをいったん外し、ボウルについた生地をゴムベラでかいて生地をひとまとめにする。再度、スタンドミキサーの低速にかけてなめらかで均一な状態にする。

短めに持つのがポイント！

8 星口金（10切・8番）をつけた絞り袋に生地を詰める。

9 約10cm四方に切ったクッキングペーパーに直径約7cmに絞り出す（約30g）。

10 揚げ油を鍋で170〜180℃に熱する。生地をクッキングペーパーごと持ち上げ、生地が下になるようにして油に入れる。両面を3分ずつ揚げる。クッキングペーパーは生地からはがれたら取り除く。

11 再度、両面を30秒から1分ずつ揚げる。

ふにゃふにゃになりやすい生地なので二度揚げして表面をパリッとさせる。

12 熱いうちにグラスロワイヤル・オ・シトロンにくぐらせ、網の上で冷ます。

アレンジ②
フレンチクルーラー
ショコラ・ノワゼット

ミルクチョコレートのパータ・グラッセ（つくりやすい分量）
　ミルクのパータグラッセ（「ブリュン」カカオバリー）… 240g
　ミルクのクーベルチュール（「ラクテ」カカオバリー）… 600g
　カカオバター（「ブール・ド・カカオ」カカオバリー）… 48g
　アーモンドダイス … 120g

1　材料をすべて合わせ、電子レンジにかけて溶かし、混ぜる。

クレーム・パティシエール（つくりやすい分量）
　卵黄 … 150g
　グラニュー糖 … 70g
　薄力粉 … 74g
　牛乳 … 500g
　バニラビーンズ … 1/2本

1　卵黄とグラニュー糖を泡立て器で白っぽくなるまですり混ぜ、薄力粉を加え混ぜる。
2　鍋に牛乳、バニラビーンズの種とさやを入れて沸かし、1に漉しながら加えて混ぜる。
3　牛乳を沸かした鍋に戻し、ゴムベラでたえず混ぜながら炊く。組み立てやすいようにややしっかりめに炊き、かための仕上がりとする。

クレーム・プラリネノワゼット（つくりやすい分量）
　クレーム・パティシエール … 上記より500g
　プラリネノワゼット（カカオバリー）… 150g

1　材料を合わせ、ゴムベラでムラなく混ぜる。

― ミルクチョコレートの
　パータ・グラッセ
― スライスアーモンド
― クレーム・プラリネノワゼット

組み立て

1 ミルクチョコレートのパータ・グラッセをフレンチクルーラーにディップする。

2 1を半分の厚みで切る。

3 生地の気泡の壁を指でつぶす（クリームがたっぷりと詰められる）。

4 クレーム・プラリネノワゼットを絞り入れ、スライスアーモンドをのせる。

5 パータ・グラッセをかけた上側の生地をのせる

アレンジ③
フレンチクルーラーのサントノーレ

ジュレ・ルビー（つくりやすい分量）
フランボワーズのピュレ（ボワロン）… 500g
フレーズのピュレ（ボワロン）… 500g
フランボワーズ（冷凍）… 480g
グラニュー糖 … 360g
粉ゼラチン … 18g
水 … 90g
フレーズリキュール … 40g

1 粉ゼラチンは分量の水でふやかしておく。
2 リキュール以外の材料を鍋に入れ、混ぜながら火にかけてひと煮立ちさせる。
3 火から下ろして常温で粗熱をとる。40℃以下にながったら、フレーズリキュールを加え混ぜる。

クレーム・シャンティイ
（つくりやすい分量）
生クリーム（乳脂肪分45％）… 300g
生クリーム（乳脂肪分35％）… 150g
グラニュー糖 … 32g

1 材料を合わせ、9分立てにする。

ピンクのフォンダン
（つくりやすい分量）
フォンダン … 100g
ボーメ30°のシロップ*1 … 10g
色粉赤 … 少量
グラニュー糖 … 32g

*1 糖度30度のシロップ液。グラニュー糖135gと水100gをひと煮立ちさせて溶かし、冷ましてつくる。

1 フォンダンを電子レンジにかけて20～30℃くらいに温めてゆるめる。他の材料を加え混ぜる。

クレーム・ディプロマット（つくりやすい分量）
生クリーム（乳脂肪分35％）… 170g
クレーム・パティシエール（左ページ）… 500g

1 生クリームは10分立てにする。
2 クレーム・パティシエールに、1を2～3回に分けて混ぜる。

ピンクのフォンダン
フランボワーズのフリーズドライ
クレーム・シャンティイ
クレーム・ディプロマット
イチゴ
ジュレ・ルビー

組み立て

1 フレンチクルーラーを半分の厚みに切り、下側の生地にジュレ・ルビーを絞る。

2 クレーム・ディプロマットを丸口金で絞る。

3 イチゴをのせる。

4 粉糖をふり、クレーム・シャンティイを星口金で絞る。

5 上側の生地はセルクル（直径7cm）で抜く。

6 フォンダンにディップし、フランボワーズのフリーズドライをふる。4の上にのせる。

CHAPER 3

揚げパンの生地に迫る

SHOP INFORMATION

pain stock　　TOLO PAN TOKYO　　BOULANGERIE LA TERRE

2010年に福岡市内の住宅街・箱崎に1号店をオープン。19年には、福岡の人気コーヒー店「コーヒーカウンティ」とコラボして、天神中央公園にある飲食施設「ハレノガーデンEAST & WEST」に2号店を開業した。店内には約100品のパンが並ぶほか、イートインスペースも併設。オンラインショップも開設し、劣化しにくい長時間熟成発酵のパンなどを全国にも配送している。

パンストック　天神店
福岡県福岡市中央区西中洲6-17
tel. 092-406-5178
8:00〜19:00
月曜、第1・3火曜定休
instagram@pain_stock_tenjin

→ P.140

東急田園都市線池尻大橋駅から徒歩2分の駅前商店街に立地。(株)カップベアラー代表取締役の上野将人さんと、「デュヌ・ラルテ」(東京・青山)で修業した田中真司さんが2009年に開業。ガレージをイメージした店内には、マテ茶を混ぜ込んだ粒あん入りのあんパン「モダアン」や、絹ごし豆腐と豆乳を練り込んだ食パン「東山」など個性が光るパンが約40〜50品並ぶ。

トロパン トウキョウ
東京都目黒区東山3-14-3
tel. 03-3794-7106
8:00〜17:00（売り切れ次第閉店）
火・水曜定休
instagram@tolopantokyo

→ P.142

1998年創業の洋菓子店「ラ・テール」のベーカリー部門として2002年、東京・三宿にオープン。「自然に生きる」をテーマに、国産小麦をはじめとする生産者の顔の見える素材を使用。石窯で焼くハード系パンや北海道産小麦の風味を生かした食パン、生地とフィリングにこだわった菓子パンなど、約70品のパンが並ぶ。現在は三宿本店のほか、東京駅や品川駅に計3店舗を展開する。

ブーランジェリー ラ・テール
東京都世田谷区三宿1-4-24
tel. 03-3422-1935
8:00〜19:00、土、
日曜・祝日7:00〜　不定休
laterre.com

→ P.144

THE ROOTS neighborhood bakery　　Boulangerie Bonheur　　C'EST UNE BONNE IDÉE!

福岡市地下鉄七隈線薬院大通駅より徒歩3分の住宅地に2016年に開業。22年9月に店内を改装し、リニューアルオープンした。"パン飲み"にぴったりなハード系などの食事パンに注力し、11.5坪の店内に約50品を並べる。毎週火曜日は「ベーグルday」、毎週木曜日は「ベニエday」を開催。ベニエdayではピスタチオやチャイのクリームを詰めた商品を数量限定で販売する。

ザ・ルーツ・ネイバーフッド・ベーカリー
福岡市中央区薬院4-18-7
tel. 092-526-0150
9:00〜19:00
月曜定休
theroots.jp

→ P.146

東急線三軒茶屋駅から徒歩5分。現在は全9店舗ある「ボヌール」の1号店として、茶沢通り沿いに2006年に開業した。「30分に一度はかならず焼きたてを提供」という企業理念のもと、売り場から見える溶岩窯から約70品のパンが次々と出て売り場に並ぶ。人気はチョコチップが詰まった菓子パン「ショコラ」、フランス人シェフ監修の「クロワッサン」など。

ブーランジェリー・ボヌール
三軒茶屋本店
東京都世田谷区太子堂4-28-10
鈴木ビル1F
tel. 03-3419-0525
8:30〜20:00
無休
boulangerie-bonheur.jp

→ P.148

「365日」(東京・富ヶ谷)の杉窪章匡さんがプロデュースした「セテュヌボンニデー」(神奈川・向ヶ丘遊園)の2号店として、2021年12月にオープン。国産素材を厳選し、フィリングも自家製にこだわったパンは約80品。自由が丘店ではマラサダのほかブリオッシュ生地などの甘いパンを全体の約5〜6割ラインアップするほか、店舗限定商品も多数そろえる。客数は1日約250人。

セテュヌボンニデー　自由が丘店
東京都目黒区自由が丘2-15-7
tel. 03-6421-1725
10:30〜20:00
火、水曜定休
instagram@cestune_bonneidee_jiyugaoka

→ P.150

BAKERY DONUT

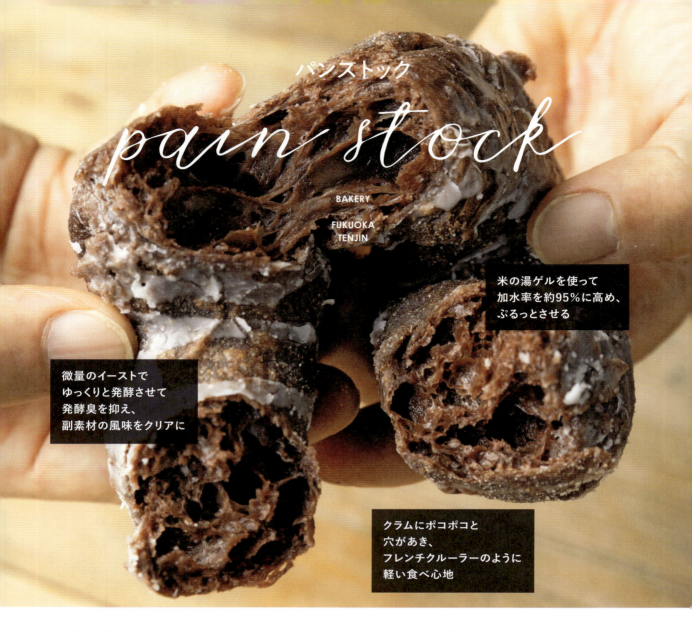

pain stock
パンストック

BAKERY
FUKUOKA
TENJIN

米の湯ゲルを使って
加水率を約95％に高め、
ぷるっとさせる

微量のイーストで
ゆっくりと発酵させて
発酵臭を抑え、
副素材の風味をクリアに

クラムにポコポコと
穴があき、
フレンチクルーラーのように
軽い食べ心地

どんなドーナツにしたかった？

　咀嚼すると舌の上で生地がすべるようなぷるっとした質感で、さらにフレンチクルーラーのようにふわっと上がって内相に穴ができた、軽くて歯切れのよい生地が好き。「大人のドーナツ」は、時間が経っても劣化した小麦の味や油っぽさがなく、牛乳のミルキーさやカカオの苦味がクリアに感じられることが理想でした。これを高加水生地で実現。湯種だと引きが強くムチッとなり、口の中でダマになるので、米の湯ゲルを使ってみずみずしく。水だと生地がまとまらないので、氷を加えて砕くように長めにミキシングし、生地の締まりを高めています。高温短時間で揚げますが、生地を油に投入してすぐに天地を2〜3回返すと、油が均等にまわってベタつきにくくなります。

ボリュームはどうやって出す？

　シュークリームのように、ゆるい生地を熱で膨らませるというイメージ。生地が大きければそのぶん油を吸うので、発酵のさせすぎは厳禁。1次発酵は微量のイーストで時間をかけて行い、生地の膨らみや発酵臭を最小限に抑えます。最終発酵は短時間で表面を乾かす程度。こうすることで表面の水分がとんで、油も入りにくくなります。揚げる前の生地のボリュームは、成形後の生地の1.5倍程度と小さめですが、揚げることで3倍ほどの大きさに。ただ、揚げてボリュームが出ると、生地が沈みやすくなってしまうので、卵白を粉対比10％加えました。卵の味が強く出てしまうため卵黄は使わず、卵白のみでふわりと上がった状態を保っています。

大人のドーナツ

ミキシング
低速3分 → 中速15分 →
調整用の水を加えて中速5分
こね上げ温度20℃

一次発酵
厨房（18℃）・16時間

分割・丸め
55g

ベンチタイム・成形
室温（25℃、以下同）・1時間 →
リング状

最終発酵
室温・30分

揚げ
オーガニックショートニング（195℃〜200℃）
2〜3回天地を返す → 1分 →
天地を返して1分

仕上げ
アイシング →
上火・下火ともに240℃のオーブン・
5〜10秒

INGREDIENTS（粉1kg仕込み、55個分）
九州産・北海道産パン用粉（「夢むすび」熊本製粉）… 500g/50%
北海道産強力粉（「春よ恋」横山製粉）… 500g/50%
本和香糖 … 50g/5%
湖塩（オーストラリア産）… 16g/1.6%
米の湯ゲル*1 … 300g/30%
卵白 … 100g/10%
牛乳 … 500g/50%
氷 … 300g/30%
水（調整用）… 120g/12%
カカオパウダー … 120g/12%
バター … 250g/25%
インスタントドライイースト … 0.3〜0.4g/0.03〜0.04%
オーガニックショートニング … 適量
アイシング*2（仕上げ用）… 適量

*1 鍋に米粉と40℃程度の湯を1対5の分量で入れ、弱火にかけて温度を65℃に保ちながら泡立て器で混ぜる。とろみがついたら火から下ろす。ボウルに移しラップをかけ、粗熱がとれたら冷蔵庫で冷やす。
*2 ボウルに粉糖と水を20対1の分量で入れ、泡立て器で混ぜる。

1. ミキサーボウルに調整用の水以外のすべての材料を入れ、スパイラルミキサーで低速で3分、中速で15分こねて、調整用の水を加えて中速で5分こねる。こね上げ温度は20℃。
   → 生地はカカオの味を際立たせたいため、砂糖は少なめ。塩も塩味づけのためではなく、ほかの素材の味を際立たせる役割と考えて控えめにした。

2. 生地をばんじゅうに移してラップをかけ、18℃の厨房で16時間おく。

3. 生地を作業台に移し、55gに分割して丸める。ばんじゅうに並べ、室温（25℃程度、以下同）で1時間おく。

4. 生地の真ん中を指で押し、指で円を描くようにして穴を広げる。

5. 空調の下で、室温で30分おく。
   → 空調の下におくことで表面が適度に乾いて、高加水の生地が油を過剰に吸収するのを防げる。

6. オーガニックショートニングを195℃〜200℃に熱した鍋に生地を入れ、2〜3回さっと天地を返す。その後、1分揚げ、天地を返してさらに1分揚げる。

7. 網にとって油をきり、室温で冷ます。バットにアイシングを入れ、片面をひたす。上火・下火ともに240℃のオーブンに5〜10秒程度入れ、アイシングを固める。

オーナーシェフ　平山哲生さん
1975年福岡県生まれ。大学卒業後、福岡県内のベーカリーで修業し、渡仏。パリの「ル・グルニエ・ア・パン」で研修し、帰国。「ユーハイム・ディー・マイスター」などで勤務し、2010年に福岡・箱崎で独立開業。現在2店舗を展開。

トロパン トウキョウ

TOLO PAN TOKYO

BAKERY
TOKYO
IKEJIRI-OHASHI

でんぷん「ネオトラスト®」を加え、すっと消えるような口溶けに

水分量を多くして、しっとり生地に

椿酵母種でバニラのやさしい香りを活かす

どんなドーナツが理想?

　当店の人気商品である「生ドーナツ」(370円)。シンプルでやさしい味わいをめざしているので、砂糖の分量は抑えて、甘さは控えめに。代わりにバニラビーンズのペーストを少量加えて甘い香りをつけることで、スイーツ感を高めています。酵母種は特有の香りがあまりない椿酵母種「五島つばき酵母」(五島の椿)を選び、バニラのやさしく甘い香りを活かしています。揚げ油はグレープシードオイルをベースに、酸化しにくい太白ゴマ油をブレンドしたものを使い、生地が油を吸って減った分、毎日新しい油を追加することでドーナツが油くさくなるのを遅らせています。また、かむと歯がすっと入り、少ない咀嚼ではかなく溶けていくような食感に仕上げています。

口溶けのよさはどうつくる?

　口溶けのよい、しっとり食感にするための大きなポイントは、でんぷんの「ネオトラスト®」(J-オイルミルズ)を使うこと。このでんぷんは水や油を吸収して保持するという特徴をもっています。そのため通常、生地に加えるとだれてしまう多めの水分量、油脂量であっても、問題なく成形までもっていけますし、結果、口溶けよく仕上がります。そのほか、糖類は上白糖以外に、保水性のあるトレハロースも加えると、さらにしっとりした食感に。油に入れたら天地をすぐに返し、高温短時間で揚げることも大切。水分と油分が多くやわらかい生地の表面を軽く揚げて固めて、さっと返すことで、ふんわりとしたボリュームのある生地になり、もそっとした口あたりになりません。

生ドーナツ

ミキシング
低速1分 → 低中速4分 →
中高速2分 → 高速3分
こね上げ温度24℃

冷蔵・1次発酵
ショックフリーザー・30分 →
0℃・湿度70%・1晩（最低12時間）

分割・丸め・復温
50g → 室温（18℃）・
40分（中心温度18℃）

成形
リング状

最終発酵
30℃・湿度70%・40分

揚げ
太白ゴマ油＆
グレープシードオイル（180℃）
すぐ天地を返す → 50秒 →
天地を返して50秒〜1分 →
両面の揚げ色の調整10秒

INGREDIENTS（粉4kg仕込み、180個分）
強力粉（「カメリヤ」日清製粉）… 4000g/100%
でんぷん（「ネオトラスト®」J-オイルミルズ）… 120g/3%
水 … 1200g/30%
バター（室温にもどす）… 1200g/30%
牛乳 … 1400g/35%
塩 … 72g/1.8%
上白糖 … 320g/8%
トレハロース（「トレハ®」林原）… 320g/8%
卵黄 … 1200g/30%
バニラペースト … 48g/1.2%
椿酵母種（「五島つばき酵母」五島の椿）… 40g/1%
揚げ油* … 適量
グラニュー糖（仕上げ用）… 適量
＊太白ゴマ油とグレープシードオイルを2対3の割合でブレンドしたもの

1. でんぷん、水、バターをフードプロセッサーで撹拌する。
    → このでんぷんは水分と油分を吸収してくれる特性をもっているため、先にこれらを撹拌して水分と油分を吸収させておく。
2. ミキサーボウルに牛乳、塩、上白糖、トレハロース、卵黄、バニラペーストを入れ、泡立て器で塩や上白糖がしっかり溶けきるまで混ぜる。
3. 2に1を加えた後、強力粉、椿酵母種の順に加え、縦型ミキサーで低速で1分、低中速で4分、中高速で2分、高速で3分こねる。生地がボウルの内側からはがれたら終わり。こね上げ温度は24℃。
4. 天板に生地を置き、ビニールシートをかけショックフリーザーに30分入れて、生地の温度を0℃まで下げる。0℃・湿度70%のドウコンに1晩（最低12時間）置く。
5. 50gに分割して丸めた後、室温（18℃）に40分ほど置いて生地の中心温度が18℃になるまで復温する。
6. 丸めた生地の中心に親指を入れ、1〜2cmの穴になるように、生地を外側に徐々に広げる。全体の大きさを直径6〜7cmくらいにととのえる。
7. ベーキングシートを敷いた天板の上に並べ、30℃・湿度70%のドウコンで40分置く。
8. 揚げ油を180℃に熱した鍋に入れ、すぐに天地を返す。50秒揚げて、天地を返して50秒〜1分揚げる。最後に10秒揚げて、両面の揚げ色が薄茶色になるように調整する。
9. 網にとり、すぐにグラニュー糖をまぶす。

シェフ　田中真司さん
1979年兵庫県生まれ。「デュヌ・ラルテ」（東京・青山）に6年間勤務後、2009年に初代代表・上野将人氏とともに池尻大橋に「TOLO PAN TOKYO」を開業。シェフに就任。10年には世田谷代田に「TOLO COFFEE & BAKERY」をオープン。現在は統括シェフ兼パン主席研究員として、パンの研究に勤しみつつ、ベーカリーのプロデュースや講習会講師もこなす。

ブーランジェリー ラ・テール

BOULANGERIE LA TERRE

BAKERY

TOKYO MISHUKU

ジャガイモを加えて、しっとり&ムギュッとした食感に

キタノカオリの甘味＋春よ恋のもちっと感で、生地の存在感をアップ

甘い系、しょっぱい系、両方に対応できる絶妙な甘さの生地に

どんなドーナツにしたかった？

　北海道・美瑛にパンと洋菓子と料理の店「フェルム ラ・テール 美瑛」を2017年にオープンして以来、北海道とのご縁が深まり、当店でも北海道の食材を使った商品を数多く提供してきました。「ポテドーナツ プレーン」も、北海道をテーマにした商品の1つです。甘い系にも、しょっぱい系にもできるパン屋らしい生地にしようと、小麦粉は、春播き小麦の春よ恋100％でもちもち感が出る「道春」（木田製粉）と、甘味豊かな秋播き小麦、キタノカオリを同割で使用。北海道産ジャガイモのフレークを加えることでしっとり、もっちりとした口あたりに仕上げました。砂糖を粉の10％と控えめにすることで、バリエーションを広げやすくしています。

しっとり＆ムギュッと感はどう出す？

　ケーキドーナツのようにサクッとさせず、パンに近い引きやもっちり感のあるドーナツにしたかったので、小麦粉は強力粉を使用。油脂分はバターの代わりに大豆が原料の豆乳クリームバターを使って口あたりを軽く、ヘルシーにしました。クラムがふわふわにならないよう、一次発酵はほとんどとりません。また、最終発酵の温度が高いとパサついて、揚げた時に生地の形がくずれやすいので、25℃と低めの温度で1時間20〜30分発酵。発酵させすぎると油を吸いやすいので、ほんの少し早めに上げています。揚げる際は170℃の米油に1つずつ手で投入すると、生地表面がきれいに仕上がります。上面と下面の間に白い線ができると、ベストな揚げ色とボリューム感になります。

ポテドーナツ プレーン

BOULANGERIE LA TERRE

ミキシング
低速3分 → 中速4分 → 高速4分 →
豆乳クリームバターを加えて中速3分 →
高速2分
こね上げ温度24〜26℃

一次発酵
室温（25℃、以下同）・15分

分割・丸め
70g・俵形

冷凍・復温
冷凍庫（−20℃）→
室温・1時間（中心温度18℃）

成形
3つ折り1回・2つ折り1回 →
リング状

最終発酵
25℃・湿度75%・
1時間20〜30分

揚げ
米油（170℃）
2分 → 天地を返して2分

INGREDIENTS（粉1kg仕込み、30個分）

- 北海道産強力粉（「道春」木田製粉）… 500g/50%
- 北海道産強力粉（「キタノカオリ」横山製粉）… 500g/50%
- 北海道産ジャガイモフレーク（「インカのめざめフレーク」大望）
    … 100g/10%
- 北海道産海塩（「オホーツクの塩」つらら）… 18g/1.8%
- 北海道産テンサイ糖（「てんさいのお砂糖」大東製糖）… 50g/5%
- グラニュー糖 … 50g/5%
- 生イースト … 40g/4%
- 酵素系改良剤（「イビスアジュール」ルサッフル）… 10g/1%
- アカシアハチミツ … 50g/5%
- 加糖卵黄（加糖20%）… 50g/5%
- 北海道産ジャージー牛乳（ファームズ千代田）… 350g/35%
- 水 … 360g/36%
- 豆乳クリームバター（「ソイレブールラフィネ」不二製油）*
    … 60g/6%
- 米油（「こめ白絞油」オリザ油化）… 適量
- ドーナツシュガー（仕上げ用）… 適量

＊冷凍状態の製品を厚さ1cmにカットし、室温（25℃、以下同）においてやわらかくする。

1. 豆乳クリームバター以外の材料をミキサーボウルに入れ、スパイラルフックをつけた縦型ミキサーで低速で3分、中速で4分、高速で4分こねる。
2. 室温においてやわらかくした豆乳クリームバターを加え、中速で3分、高速で2分こねる。薄い膜状にのびるようになったらこね上がり。こね上げ温度は24〜26℃。
3. 生地をばんじゅうに移し、室温で15分おく。
4. 生地を作業台に移し、70gに分割して俵形に丸める。
5. アルミ天板に並べ、ビニールシートで包んで−20℃の冷凍庫で冷凍する。冷凍庫から出し、室温に1時間ほどおいて生地の中心温度が18℃になるまで復温する。
6. 生地をたたいて平らにし、バゲットを成形する要領で成形する。横長におき、まず手前と奥から3つ折りにして合わせ目をおさえ、奥から2つ折りにして合わせ目をしっかりとじる。生地を転がして長さ20cmにととのえる。
7. 片方の端を平らにつぶし、もう片方の端を包んでしっかりとじる。
8. キャンバスシートに並べ、25℃・湿度75%のホイロで1時間20〜30分おく。
9. 室温に3〜5分おいて表面を乾かし、米油を170℃に熱したフライヤーで片面2分ずつ揚げる。
10. 網にとって油をきる。粗熱がとれたら、冷めないうちにドーナツシュガーをまぶす。

シェフ　根津義紀さん
1968年山梨生まれ。地元のパン店に勤務した後、21歳で上京。東京全日空ホテル（現ANAインターコンチネンタルホテル東京）で修業を積む。ザ・ペニンシュラ東京のベーカリーシェフを経て2021年から同店のシェフに就任。

ザ・ルーツ・ネイバーフッド・ベーカリー

THE ROOTS neighborhood bakery

BAKERY
FUKUOKA
YAKUIN-ODORI

粉対比30％のバターで
ブリオッシュのように
リッチな味わい

粉対比50％の牛乳＋
オートリーズを
一晩とることで、
しっとり感を高める

ルヴァン種を使い、
もったりとしない
歯切れのよい生地に

どんなベニエにしたかった？

　ひと口頰張れば、口いっぱいにバターの香りが広がる「ベニエ」（194円）は、クリーム入りを含めて4品展開しています。生地はブリオッシュのようにリッチで旨味が強いのですが、濃厚なクレーム・パティシエールをたっぷり入れても重たすぎず、クリームと一緒に口の中で溶けるしっとりとした食感をめざしました。当店のブリオッシュ生地よりは軽やかでやわらかく、クリームパンに使う菓子パン生地よりは芳醇でしっとりとした具合を狙い、バターはブリオッシュ生地と菓子パン生地の間である、粉対比30％を配合。水分は牛乳が軸で、やさしい乳味とやわらかな食感を出しました。また、生地の砂糖はキビ砂糖を使って小麦の風味を引き立てつつ、コクを補っています。

しっとりした食感をどう高める？

　高加水生地のほうが、揚げた後の口溶けがよくなったので、加水率は約75％に調整しています。吸水を上げるために湯種を使ってみましたが、もっちり感が強く出てしまったので、米の湯ゲルを粉対比5％加えました。粉は薄力粉だけでなく、吸水性の高い強力粉を配合。軽やかさを出したかったので同割で試作してみましたが、弾力に欠け、ボリュームも出なかったので、強力粉と薄力粉は7対3にしました。

　また、しっとり感を高めるため、冷蔵庫で一晩オートリーズをとることも重要。酵母種は、生イーストに加え、ルヴァン種を足すことで、pHを下げてグルテンの形成を弱め、サクッと歯が入る、もたつかない生地にしています。

ベニエ

ミキシング
低速5分 → 中速6分 →
オートリーズ/冷蔵庫（5℃）・一晩 →
生イースト、ルヴァン種、
米の湯ゲルを加えて低速1分 →
バターを加えて低速7分 → 中速4分
こね上げ温度15℃

一次発酵
室温（22～23℃、以下同）・30～40分

分割・丸め
60g

冷凍・復温
冷凍庫（-4℃）→
室温・1時間（中心温度20℃）

成形
丸形

最終発酵
28℃・湿度75%・2時間30分～ →
室温・10分

揚げ
キャノーラ油（160℃）
3分 → 天地を返して3分

INGREDIENTS（粉1kg仕込み、40個分）

A
- 北海道産薄力粉（「シリウス」ニップン）… 300g/30%
- 強力粉（「パノヴァッション」ニップン）… 700g/70%
- 塩 … 18g/1.8%
- キビ砂糖 … 100g/10%
- 牛乳 … 500g/50%
- 加糖卵黄（加糖20%）… 300g/30%

B
- 生イースト … 30g/3%
- ルヴァン種*1 … 100g/10%
- 米の湯ゲル*2 … 50g/5%

バター*3 … 300g/30%
キャノーラ油 … 適量
砂糖*4（仕上げ用）… 適量

*1 元種は2016年の開業時にライ麦からおこしたものを使用。種継ぎは1日に1回。ミキサーボウルに元種600g、準強力粉（ニップン「クラシック」）1kg、水550g、モルトシロップ10gを入れ、スパイラルミキサーで低速で6分混ぜる。室温（22～23℃）に約5時間おいた後、冷蔵庫で保管する。
*2 （以下、つくりやすい分量）ボウルに300gの熱湯を入れ、90℃にする。100gの米粉を一気に加え、泡立て器でなめらかになるまで混ぜる。粗熱がとれたらラップをかけ冷蔵庫で冷やす。
*3 室温においてやわらかくする。
*4 グラニュー糖と粉糖を2対1の分量で合わせたもの。

1. ミキサーボウルにAを入れ、スパイラルミキサー（以下同）で低速で5分、中速で6分こねる。生地をばんじゅうに移してラップをかけてふたをし、5℃の冷蔵庫に入れて一晩おく。
2. 本ごね。ミキサーボウルに1とBを入れ、低速で1分こねる。バターを加え、低速で7分、中速で4分こねる。こね上げ温度は15℃。
3. 生地をばんじゅうに移し、室温（22～23℃、以下同）で30～40分おく。
4. 生地を作業台に移し、60gに分割して丸める。生地を冷凍天板に並べ、-4℃の冷凍庫で冷凍する。冷凍庫から出し、室温に1時間ほどおいて中心温度が20℃になるまで復温する。
5. 生地を作業台に移し、手でころがして丸く形をととのえる。木製の板に綿布を敷いて生地を並べ、28℃・湿度75%のドウコンで2時間30分程度おく。
   → 季節によって発酵具合が違うので、生地の様子を見てドウコンから出す。発酵後の生地が発酵前の2.5倍に膨らんだらOK。
6. 室温で10分おいて、表面を乾かす。
7. キャノーラ油を160℃に熱した鍋で3分揚げ、天地を返してさらに3分揚げる。
8. 網にとって油をきり、粗熱がとれたら生地全体に砂糖をまぶす。

オーナーシェフ 三浦寛史さん
1979年岡山県生まれ。岡山県内のブーランジュリーカフェ、「ルート271」（大阪・梅田）などで約10年修業。ハード系のパンを中心にラインアップした同店を2016年に独立開業。22年9月にリニューアルオープン。

ブーランジェリー・ボヌール

Boulangerie Bonheur

BAKERY

TOKYO
SANGEN-JYAYA

湯種で引きを強く。
2日かけて仕込み、
軽やかな食べ心地に

生地を引き立てる
プチプチとこうばしい
ケシの実をトッピング

砂糖も塩も控えた
素朴な味わいで
アレンジも自在

どんなドーナツにしたかった？

　このドーナツは、もともとは2014年に神奈川県・元住吉店のオープニング商品として開発されました。幅広い客層に楽しんでもらえるパンをと考えてたどりついたのが、「小麦の香りが豊かで、もっちりとしたドーナツ」でした。この商品はシンプルに生地を味わっていただきたいため、本店ではグラニュー糖をまぶした「プレーン」、「きなこシュガー」、ホイップクリームを挟んだ「もっちりドーナツサンド」を販売しています。独自のアレンジをしている店舗もあり、そのなかには「クッキークリームのドーナツサンド」などの限定商品もあります。ドーナツはどの店舗でも人気商品で、本店では多い時には全種合わせて1日200個が売れています。

なぜ湯種を使うの？

　小麦の風味をしっかり味わってもらうために、湯種でもっちりと引きの強い食感を出しています。湯種用の湯はしっかり沸騰させるのがポイント。また、高加水生地なのでミキシングには時間をかけて、餅のように光沢があってよく伸びる生地に仕上げます。やわらかい生地のため、成形後は冷凍してしっかり締めます。揚げるまでに2日かかりますが、これらの工程によって湯種を使いながらも、重くなく食べやすいドーナツになります。揚げる時にもポイントがあり、冷凍庫から取り出してドウコンで復温したら、生地の表面を完全に乾かします。こうすることで余分な油を吸うことがありません。また、ケシの実をまぶすことで、咀嚼時にこうばしさが広がり、飽きずに食べていただけます。

もっちりドーナツ プレーン

湯種をつくる
低速2分 → 中速2分 →
冷蔵庫（5℃）で一晩以上おく

ミキシング
低速3分 → 中速7分 → 高速8〜10分
こね上げ温度約26℃

一次発酵
約28℃・湿度80％・1時間

分割・丸め
80g・俵形

ベンチタイム
約28℃・湿度80％・1時間

成形
リング状

冷凍
冷凍庫（−10℃）・1〜2時間

最終発酵
36℃・湿度80％・1時間

揚げ
サラダ油（180℃）
2分 → 天地を返して2分

INGREDIENTS（24個分）
湯種（つくりやすい分量）
　強力粉（「カメリヤ」日清製粉）… 1000g
　塩 … 50g
　熱湯*1 … 620g

本ごね
　強力粉（「カメリヤ」日清製粉）… 700g
　インスタントドライイースト（サフ・赤）… 9g
　塩 … 5g
　グラニュー糖 … 20g
　モルト*2 … 6g
　湯種 … 上記の分量から615g
　水 … 500g
　酵素系改良剤（「イビスアジュール」ルサッフル）… 5g
　ショートニング … 60g

ケシの実 … 適量
サラダ油 … 適量
グラニュー糖（仕上げ用）… 適量

*1　完全に沸騰させる。
*2　モルトと同量の水で割って使用する。

1　湯種をつくる。すべての材料をミキサーボウルに入れ、縦型ミキサーで低速で2分、中速で2分混ぜる。生地を室温（25℃）において粗熱をとったらラップで包み、冷蔵庫（5℃）で一晩以上おく。

2　本ごね。すべての材料をミキサーボウルに入れ、縦型ミキサーで低速で3分、中速で7分、高速で8〜10分こねる。こね上げ温度は26℃。
→ 生地に光沢が出て、餅のように伸びるようになるのがこね上がりの目安。

3　生地をばんじゅうに移し、約28℃・湿度80％のドウコンで1時間おく。

4　生地を作業台に移して、80gに分割し俵型に丸める。約28℃・湿度80％のドウコンに1時間おいてベンチタイムをとる。

5　手で転がして棒状にし、両端を合わせて軽くつまんでとめてリング状にする。

6　表面にケシの実をまぶし、生地が完全に固まるまで1〜2時間冷凍する。

7　36℃・湿度80％のドウコンに1時間おく。

8　室温に約10分おいて生地の表面がよく乾いたら、サラダ油を180℃に熱したフライヤーで2分揚げ、天地を返して2分揚げる。

9　網にとり、粗熱がとれたらグラニュー糖を生地全体にまぶす。

店長　山本悠生さん
1991年新潟県生まれ。地元のベーカリーで修業後、（株）ドンクに入社。新潟や都内の店舗に勤務した後、都内のベーカリー数店を経て、「お客さまとの距離の近さにひかれて」、2019年に「ブーランジェリー・ボヌール」に入店。21年から現職。

セテュヌボンニデー

C'EST UNE BONNE IDÉE!

BAKERY

TOKYO JIYUGAOKA

口溶けはソフト。
ハナマンテンで小麦由来の
甘い香りを出す

卵白で火通りをよくし、
歯切れと軽さを出す

全卵でコクをアップ。
卵くささは
ルヴァン・リキッドで緩和

どんなマラサダにしたかった？

　マラサダ（237円）は、立地のわりに個性的なパンを並べる本店の向ヶ丘遊園店で、子どもも好きなパンをつくりたいと思い、開発しました。国産素材にこだわった店なので、マラサダも国産素材を使い、フィリングも高品質な素材を厳選しています。生地は、国産小麦ならではの香りや甘味を出すため、「ゆめかおり」と「ハナマンテン100」（ともに前田食品）をブレンド。リング状のドーナツと違ってマラサダは穴がないので、生地を食べている時間を長く感じやすい。そのため、「生地の食べ心地」を重視し、口溶けがよくて飲み込みやすく、もう1個食べたくなるようなマラサダにしました。油の重さも食べにくさにつながるので、米油を使い、さらっとした仕立てにしています。

2種類の強力粉を使う理由は？

　ゆめかおりだけでつくると、食感はソフトだけれどもやや軽すぎてしまう。ハナマンテンを入れることで甘い香りと引きが出て、生地の存在感が増しました。国産小麦は特性上、モチモチ感を出せますが、それが必要以上に強くならないよう、生地には全卵を追加。卵白が入ると火通りがよくなり、食感がねちゃつきません。卵くささは、ルヴァン・リキッドや本和香糖がマスキングしてくれます。製法上のポイントは、しっかりとミキシングすること。気泡を多く含んで口溶けがよくなる上、コシがつき、揚げた際に高さを出せます。ただ、揚げている際に火膨れしないよう、バターを混ぜた後に生クリームと牛乳を加えて生地をゆるませたり、パンチの丸めで軽くガスを抜いたりしています。

… C'EST UNE BONNE IDÉE!

マラサダ プレーン

ミキシング
低速2分、中速15分、高速3分 →
バターを加えて、中速15分、高速3分 →
生クリームと牛乳を加えて、
低速2分、中速5分、高速2分
こね上げ温度22〜24℃

冷凍・分割・丸め
冷凍庫（-20℃）・1時間 → 60g

冷凍・復温
冷凍庫（-20℃）で保管 →
焼成前日にリターダー（0〜3℃）
一晩（中心温度3℃）

一次発酵
28℃・湿度80%・40分〜1時間

パンチ
1回

ベンチタイム・成形
28℃・湿度80%・30分 → 丸形

最終発酵
28℃・湿度80%・1時間

揚げ
米油（180℃）
2分30秒 → 天地を返して2分30秒

シェフ　有形泰輔さん
1985年東京都生まれ。（株）ポンパドウルにて7年間修業後、25歳で東京・表参道「デュヌ・ラルテ」に入社。フランス研修を経て、2013年「セテュヌ ボン ニデー」（神奈川・向ヶ丘遊園）のシェフに就任。21年12月に自由が丘に2号店をオープン。

INGREDIENTS（粉8kg仕込み、310個分）
茨城県産強力粉
　（「ゆめかおり」前田食品）
　　… 7200g/90%
埼玉県産強力粉
　（「ハナマンテン100」前田食品）
　　… 800g/10%
全卵 … 3200g/40%
水 … 2240g/28%
本和香糖 … 1440g/18%
塩 … 120g/1.5%
インスタントドライイースト
　（サフ・金）*1 … 96g/1.2%
ぬるま湯（40℃）*1 … 800g/10%
ルヴァン・リキッド … 800g/10%
麹種*2 … 120g/1.5%
バター（スライスし、冷やす）… 1200g/15%
生クリーム（乳脂肪分35%）… 640g/8%
牛乳 … 480g/6%
米油 … 適量
ビートグラニュー糖（仕上げ用）… 適量

*1　ボウルにインスタントドライイーストと40℃のぬるま湯を入れ、混ぜ合わせる。
*2　前回おこした麹種1に対して、ぬるま湯1、甘酒用米麹（生麹・おたまや）0.5、炊いたごはん（つや姫）2.5の割合で合わせ、30℃で一晩おき、15℃でさらに6時間おいたものをジューサーでなめらかにして使う。

1　ミキサーボウルに全卵、水、本和香糖、塩を入れ、強力粉、ぬるま湯で溶かしたドライイースト、ルヴァン・リキッド、麹種の順に加え、スパイラルフックをつけた縦型ミキサーで低速で2分、中速で15分、高速で3分こねる。

2　生地がボウルの内側からはがれたら、スライスしたバターを冷蔵庫から出して加え、中速で15分、高速で3分こねる。

3　生クリームと牛乳を加えて、低速で2分、中速で5分、高速で2分こねる。グルテン形成からなる生地の薄い膜が確認できたらOK。こね上げ温度は22〜24℃。

4　冷凍天板にひとまとめにした生地をのせ、ビニールでおおって冷凍庫（-20℃、以下同）で1時間おく。
→ 冷凍庫で冷やすことでやわらかい生地を扱いやすくするとともに、生地の温度を下げて発酵のスピードをゆるめておく。

5　60gに分割して丸め、ふたたび冷凍天板に並べてビニールでおおい、冷凍庫に入れて完全に冷凍する。焼成の前日に生地をリターダー（0〜3℃）に一晩おいて生地の中心温度が3℃になるまで復温する。

6　28℃・湿度約80%のドウコン（以下同）で40分〜1時間おく。

7　生地を作業台に移し、丸めなおす（パンチ）。ドウコンに30分おき、ベンチタイムをとる。
→ 軽く力をつけて丸めることで生地のガスを抜き、火膨れを防ぐ。

8　生地を作業台に移し、形を軽く丸めてととのえ、とじ目をつまんでしっかりととじた後、ドウコンに1時間おく。

9　米油を180℃に熱したフライヤーで2分30秒揚げ、天地を返してさらに2分30秒揚げる。

10　網にとり、室温（20℃〜25℃）に15分ほどおいて表面を乾燥させる。ビートグラニュー糖を全体にまぶす。

撮影	馬場わかな（下記以外）
	天方晴子（P.20、86-99、139、144-145、148-151）
	川島英嗣（P.121-125）
	安河内 聡（P.139-141、146-147）
	佐々木孝憲（P.139、142-143）
デザイン	三上祥子（Vaa）
取材	村山知子（P.86-99）
	坂根涼子（P.122-125）
	諸隈のぞみ（P.139、144-145）
	松野玲子（P.139、148-149）
	笹木理恵（P.139、150-151）
編集	井上美希（柴田書店）

ドーナツ専門店のレシピと店づくり、
ベーカリー＆パティスリーのスペシャルドーナツ

ドーナツブック

初版発行	2024年9月30日
2版発行	2025年8月10日

編者Ⓒ　　柴田書店

発行者　　丸山兼一
発行所　　株式会社 柴田書店
　　　　　東京都文京区湯島3-26-9　イヤサカビル　〒113-8477
　　　　　電話　営業部　　　03-5816-8282（注文・問合せ）
　　　　　　　　書籍編集部　03-5816-8260
　　　　　　　　URL　　　　https://www.shibatashoten.co.jp

印刷・製本　公和印刷株式会社

本書掲載内容の無断掲載・複写（コピー）・引用・データ配信等の行為は固く禁じます。
乱丁・落丁本はお取替えいたします。

ISBN 978-4-388-06380-2
Printed in Japan
ⒸShibatashoten 2024